光と闇と色のことば辞典

著・文献学者 山口謡司
色監修 桜井輝子
絵 飯田文香

X-Knowledge

序文

クリエイターにとってもっとも敏感になる部分、それが「光」と「闇」である。

絵画、彫刻、文芸、音楽、あらゆる芸術分野で、「明暗」を感じさせないものは、見る者に大きな感動を与えない。

それは、神話の時代から続く、我々人間の自然に対する意識にも関係することだろう。

たとえば、エジプトでもホルアクティやラーという名の神様が、毎日、東から西へと地平を渡ると信じられていた。

しかし、ホルアクティやラーは、毎晩、闇の神・アペピと闘う運命を担っている。彼らの勝利なしには、「朝」はやってこない。

また、わが国の神話でも、須佐之男命《すさのおのみこと》の乱行によって、姉である天照大神《あまてらすおおみかみ》が隠れたことで、世界が暗闇に閉ざされたという話が伝えられている。

闇に閉ざされた日本は、ありとあらゆる禍《わざわい》に包まれた。

はたして、神々は、天鈿女の命《あめのうずめのみこと》という女性が真っ裸になってみんなを笑わせる宴会をひらいて、天照大神《あまてらすおおみかみ》を闇の中から出すのに成功する。

この話は、「日本」という国名が、世界の東の果てにあって、太陽の光を世界で最初に受ける場所であるとの考えに基づく。
わが国に光がなければ、世界は闇に閉ざされると、彼らは考えていたのである。

　また、逆説的にいえば、これは、わが国の人々が、
いかに「闇」を駆逐するために力を費やして来たかということでもある。

　しかし、谷崎潤一郎の名随筆『陰翳礼賛《いんえいらいさん》』のように、
その闇の度合いに美しさを感じるというのも、日本人独特の美的感覚である。
鼠色、茶色など比較的暗い感じの色合いに、
それぞれ独特の名前が付けられていることは、そのことをよく表すものでもある。
黒澤明《くろさわあきら》、小津安二郎《おづやすじろう》などの白黒映画の中に浮かび上がる光と闇は、
色という枠を越えて我々の心に迫って来る。
「光」と「闇」は、心の問題を明白にさらけ出すことに直接繋がる。

　本書が、ことばを通して、クリエイターの創作意欲を掻き立てる一助となれば幸いである。

菫雨白水堂　山口謠司拝

本書の使い方

章名

光・闇・色の3つの章に分けて、ことばを解説します。

表現

明度や人物表現、感情表現、場面、色など、おもにどんな表現に使えることばが載っているかを索引できるインデックスです。

イメージ作品

テーマごとに描かれたイメージ作品から、直感的に使いたいことばを索引できます。

光のことば

明度

仄明《ほの》るい

澄明《ちょう・めい》

「澄」という漢字は、「清らかに澄んでいる」という意味とともに「深く、深淵《しんえん》な」ということも表す。「澄明」は澄みきった明るさという意味で使われることもあるが、冬の早朝、深く群青色《ぐんじょういろ》（181ページ参照）に美しい朝焼けが起きる寸前の美しさなどに使われる。また、「澄明な頭脳」ということばは、深く繊細な叡智と閃くような頭の冴えをいう。

蛍光《けい・こう》

現在は、「蛍光塗料」などということばで使われるが、「蛍光」とはホタルが発する光である。古くは「螢」と書かれた。歌詞「蛍の光、窓の雪」で知られるように、電気、電燈がなかった時代、蝋燭を買うことができない人たちは、夏は蛍の光を、冬は窓辺の雪の光を頼りに書物を読んで勉強した。「蛍案《けいあん》」とは「蛍の光を集めて作った燈のある机」という意味で、「苦学」を意味する。

燐光《りん・こう》

燐光は、青白く、薄く微かにあるかないか分からない程度の光を放って空気中に浮かび揚がるリン酸の発光をいう。昔は、「鬼火」とか「火の玉」などといわれた。人や動物の死体のリン酸が水によって化学反応を起こし、青白い光となり彷徨《さまよ》うように見えるからである。蛍や夜光虫の発光についてもいう。

薄明かり《うす・あかり》

「薄」は、「艹」が付いているように、もともとススキのような草が茫々《ぼうぼう》と生えていることを表す。もちろん、「ススキ」は漢字で書けば「薄」である。「薄明かり」とは、ススキの穂を通して茫然と陰翳《いんえい》が見えることをいう。

〈用法〉
「戸の透き間から天明（よあけ）の——が射して居た」国木田独歩『波の音』

余光《よ・こう》

もともとは、もう少しで燃え尽きそうな蝋燭の光をいった。また、日没後にまだ太陽が放っている光についてもいう。ここから、先人の遺業、名声などが、自分に影響を与えることにもたとえて使われる。この場合は、現在は「おかげ」あるいは「余徳《よとく》」などという類語で使われることが多い。また、「灯火を分け与える」という意味で、「他人に恩恵を施す」ということをいうのに「余光を分かつ」という言い方もある。

〈用法〉
「日没間近の——の中を、車が轟音を響かせながら走った」

微光《び・こう》

「微」と「徴」は間違いやすいので注意を。「微」の「𠂉」の部分は、細い糸が垂れ下がっていることを表し、目を凝らしても見えない状態であることを意味する。「微光」とは、ほとんど見えない遠い小さな星の瞬《またた》き、あるいは港から夜出て行く船が遠く微かになっていくことなどについてよく使われる。

〈用法〉
「黒い鳥がたくさんいっぱいに列になってとまってじっと川の——を受けているのでした」宮沢賢治『銀河鉄道の夜』

夜天光《や・てん・こう》

月の出ない晴れた夜の、かすかな明るさをいう。「星野光」、「大気光」、「黄道光」の三つからできる。「星野光」は星の光の明るさ、「大気光」は空気が乾燥して薄い光が夜空を照らすこと。また「黄道光」は、冬から春の日没後の西天、秋から冬の日出前の東天に、黄道面に沿って見える淡い乳白色の円錐形の光の帯をいう。

仄明かり《ほの・あかり》

「仄」は、太陽が没する時刻に、人の影がぼんやりと長く伸びることを意味する漢字。「仄明かり」とは、黄昏のときのようなはっきりしない茫然とした薄い光をいう。

テーマ

見開きごとのテーマに沿って、関連語や類語、テーマにまつわることばが掲載されています。

ことばの特徴

テーマごとに取り上げたことばの特徴や傾向、どんな表現や場面の描写に使えるかをご紹介します。

ことばと読み仮名

ことばの読み方がわかります。漢字の送り仮名は「-」、連続した漢字や、ことばの区切りの部分は「・」と表記しています。色の章では、実際の色味のサンプルと、色のRGB値・CMYK値も記載しています。

用法

ことばがどう使われているか、例を挙げて紹介します。文学作品や俳句、短歌などで登場したことばには、出典(元となる作品名を記載しています。どういう場面や文脈でことばが使われているか、ぜひ参考にしてください。

表現から探す

光と闇の明度はもちろん、人物、感情、天体、天候、花・植物、時間帯など、あらゆるモチーフ別の索引から、表現にぴったりのことばを探せます。全編を通して、各章にあることばを横断的に探し出せます。

モチーフ別索引――6ページ参照

単語から探す

読み仮名を五十音順にした索引で、「どんな意味かわからない」ことばを調べられます。漢字表記も併記しているので、「このことばをなんと読むかわからない」という場面にも、ぜひお役立てください。

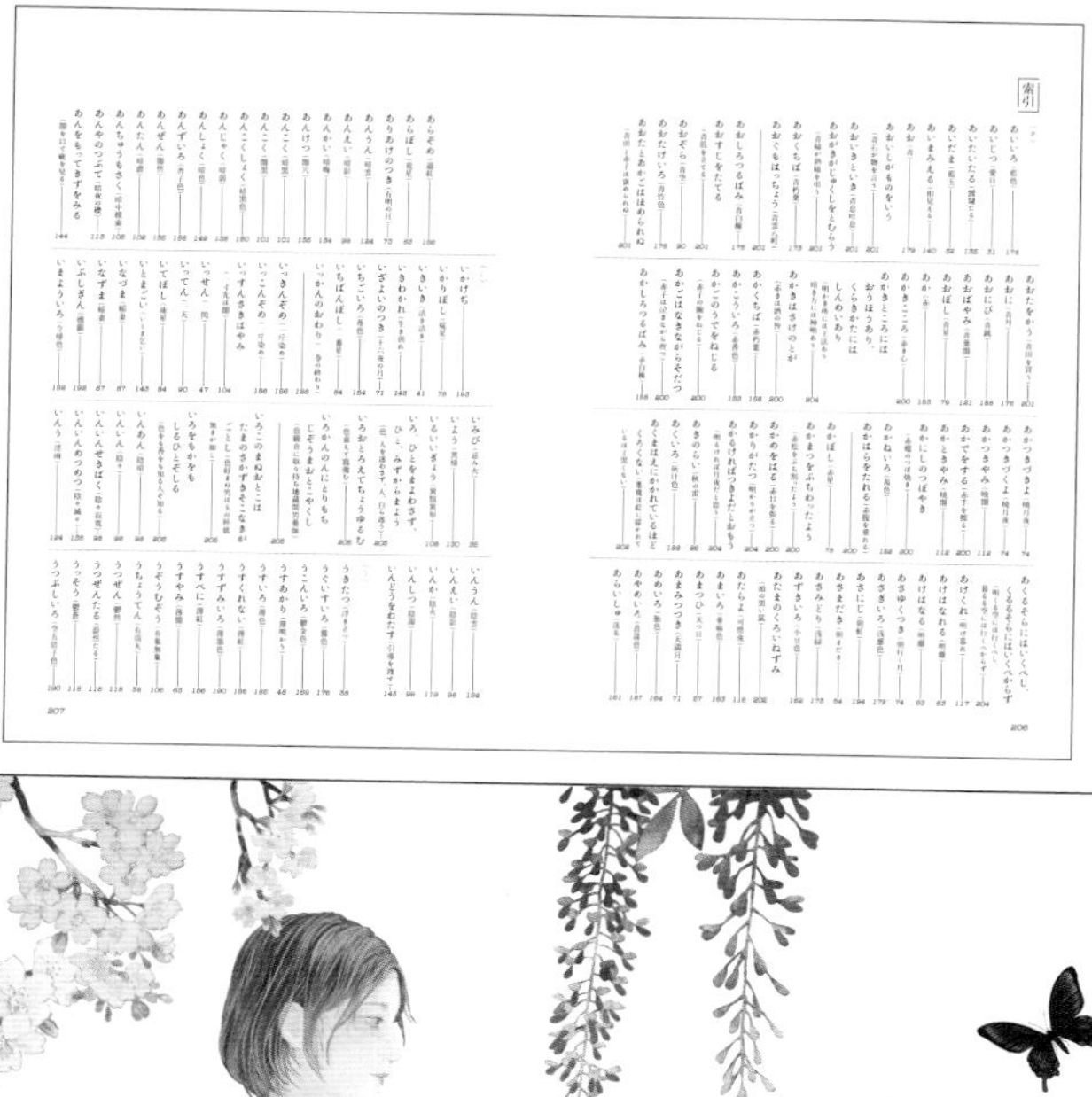

索引――206ページ参照

イメージから紐解く

見開きごとのテーマに合わせて描かれた絵から、直感的にことばを探し出せます。美麗な絵とことばの競演から、ぜひことばのイメージを広げていただけると幸いです。創作テーマのヒントにも活用してください。

モチーフ別索引

表現したいものからことばを探す

人物、感情、天体、天候、花・植物、時間帯など、あらゆるモチーフから、本書にあることばを横断的に探し出せます。表現にぴったりのことばを探してください。

明度の表現

〈明るい〉

灯影 34
赫赫 44
目細し 44
燦爛 44
煌々 45
眩惑 45
炳として 45
粲粲 45
炯然 46
光彩陸離 46
一閃 47
発光 47
光輝 47
逆光 47
光昭 47
光閃 47
光被 47
光波 47
光耀 47
薄明かり 48
燐光 48
蛍光 48
澄明 48
仄明かり 49
微光 49
清暉 50
幽光 50
後光 50
妖光 50
燭光 51
底光り 51
寂光 51
光芒 51
余映 51

〈暗い〉

陰々 98
陰々寂寞 98
日陰 98
陰影 98
草葉の陰 98
陰暗 98
片陰 99
小陰 99
暗影 99
泡影 99
影裏 99
闇闇 101
漆黒の闇 101
常闇 101
つつ闇 101
暗黒 101
闇黒 101
暗澹 102
晦冥 102
冷暗 102
暗がり 102
昏天黒地 102
冥漠 102
幽闇 103
幽冥 103
繊翳 103
仄暗い 103
目刺すとも知らぬ闇 144

人物の表現

〈人物〉
若鮎のような――36
快活――36
闊達な――36
春風駘蕩――37
活発――37
天真爛漫――37
屈託がない――37
光を韜む――92
襟が光る――92
乙子の光は七光り――92
光あるものは、光あるものを友とす――93
光を和らげ、塵と成す――93
光るほど鳴らぬ――93
日月と光を争う――93
鞘は無くとも身は光る――93
心体光明なれば、暗室の中にも青天あり――93
留守の間の栄光――94
眼光、紙背に徹す――94
玉、磨かざれば光なし――94
煩悩の雲厚く、仏日の光、晴れ難し――94
余光を分かつ――94
百星の明は、一月の光に如かず――95
眼光落地は、死に近し――95
親の敵を持つ者は日光に当たらず――95
求むるに来たり、愛に光を増す――95
陰湿――99
五里霧中――104
怪訝――109
白玉楼中――128
泉下の客――128
身罷る――128
御隠れになる――128
一巻の終わり――128
神去る――129
妄信――130
廃人――130
中毒者――130
退廃――130
夢遊病者――130
屈折――131
変質的――131
虚栄――132
虚勢――132
虚妄――132
空事――132
虚像――132
暗晦――134
無闇――134

愚闇 135
暗弱 135
闇穴 135
堕落 138
放蕩 138
腐敗 138
相見える 140
竜虎 140
渡り合う 141
後朝 142
破鏡 142
惜別 142
痛惜の別れ 142
袂を分かつ 142
引導を渡す 143
生き別れ 143
いとま乞い 143
闇を以て疵を見る 144
問うに答えの闇あらぬ 144
十九立ち待ち、二十日宵闇 144
暗闇の恥を明るみへ出す 144
明珠を闇に投ず 144
智者も面前に三尺の闇あり 145
人の親の心は闇にあらねども、子を思う道にまどいぬるかな 145
赤きは酒の咎 200
赤松をぶち割ったよう 200
赤子は泣きながら育つ 200
赤貧、洗うが如し 200
青柿が熟柿を弔う 201
青石が物を言う 201
出藍の誉れ 201
青雲紫陌の譏り 201
悪魔は絵に描かれているほど黒くない 202
黒白微塵 202
頭の黒い鼠 202
白衣の天使 202
白紙も信心次第 202
烏の黒いのは磨きがきかぬ 203
蝨は頭に処て黒し 203
お釈迦様にもお経、鬼めにも黒鉄の寄り棒 203
白き骨は父の恩、肉叢は母の恩 203
明眸皓歯 204
明るければ月夜だと思う 204
明かりが立つ 204

色をも香をも知る人ぞ知る——205
色、人を迷わさず。人、自ら迷う——205
色衰えて寵弛む——205
色好まぬ男は玉の杯底無きが如し——205
泰山前に崩るるとも色変せず——205

〈感情〉
有頂天——38
浮き立つ——38
朗らか——38
天にも昇る——38
夢心地——39
晴れ晴れしい——39
明朗——39
清々しい——39
怨念——111
蔚然たる——118
鬱鬱たる——135
闇然——135
陰々滅々——135
恋の闇路——135
闇の現——135
赤き心——200
青息吐息——201
白き糸の染まんことを悲しむ——202

〈行動〉
手探り——105
夜直——113
夜襲——113
木隠れ——118
闇討ちの捨て刀——144
世は、ぬばたまの闇の儲け——144
赤目を張る——200
赤腹を垂れる——200
赤子の腕をねじる——200
赤手を擦る——200
青田を買う——201
青筋を立てる——201
黒頭巾をかぶる——202
白を切る——202
白羽の矢が立つ——203
盈寸の膠を投じて、江海の色を易えんとす——205

〈場面・状況〉
ハレの日——40
歓喜に満ちた——40
祝祭的な——40
開放的な——41
活き活き——41
活気ある——41
楽観——41
有望——41
期待——41
心躍る——42
歯切れのよい——42
明快——42
軽快——42
軽妙な——42
華やかな——42
陽気——42
金の光は阿弥陀ほど——92
石火の光——92
光陰矢の如し——93
輝くもの必ずしも金ならず——93
天の聞くこと、雷の如し。地の見ること、稲光の如し——94

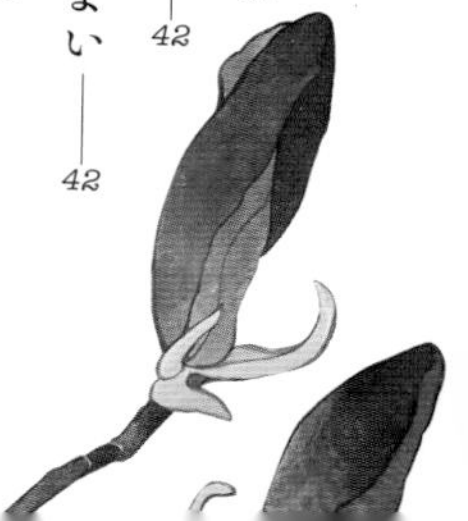

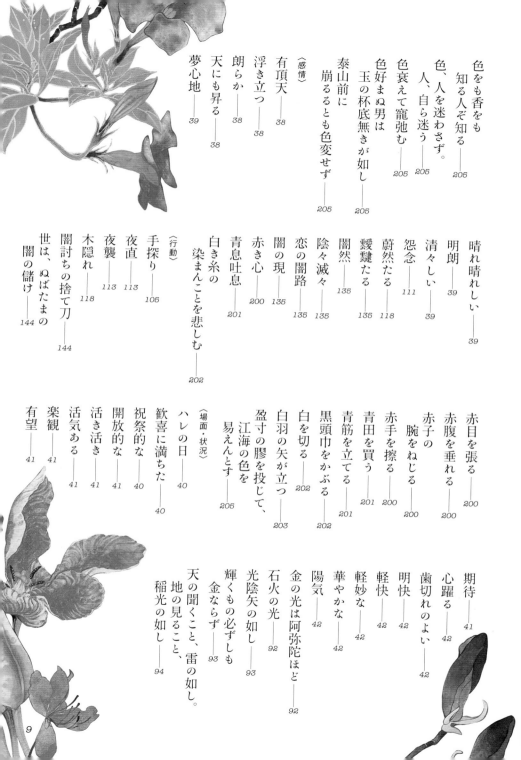

良玉、尺を度れば、十仞の土有りと雖も、其の光を掩う能わず —— 94
流星光底、長蛇を逸す —— 95
地図なき航海 —— 104
一寸先は闇 —— 104
視界不良 —— 104
暗中模索 —— 105
有象無象 —— 106
伏魔殿 —— 107
神秘 —— 108
新奇 —— 109
暗夜の礫 —— 113
小夜曲 —— 113
明け暮れ —— 117
虚々実々 —— 132
虚無 —— 132
空虚 —— 133
深淵 —— 136
淵底 —— 136
筐底 —— 136

窅然 —— 136
墜落 —— 138
最奥 —— 138
どん底 —— 138
頽廃 —— 139
淪落 —— 139
零落 —— 139
太刀打ち —— 140
熱戦 —— 140
卍巴 —— 140
雌雄を決す —— 140
伯仲 —— 141
拮抗 —— 141
餞別 —— 143
暗闇から牛を引き出す —— 144
闇夜の灯火 —— 145
暗闇に鬼の落とした小判 —— 145
赤螺のつぼ焼き —— 200
青田と赤子は褒められぬ —— 201
青雲八町 —— 201

青天の霹靂 —— 201
黒牛、白犢を生む —— 202
白豆腐の拍子木 —— 202
黒焼きにせねど小判は惚れ薬 —— 203
白壁に蝙蝠の止まったよう —— 203
白刃、前に交われば、流矢を顧みず —— 203
明かき所には王法あり、暗き方には神明あり —— 204
明くる空には行くべし、暮るる空には行くべからず —— 204
明窓浄机 —— 204
沙羅双樹の花の色、盛者必衰の理をあらはす —— 205

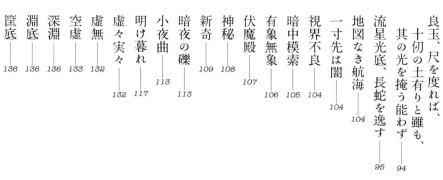

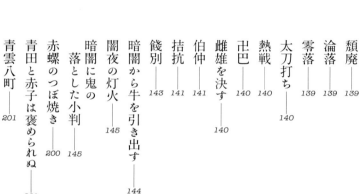

空の表現

〈太陽〉
九陽——52
飛輪——52
紅焔——52
金烏玉兎——52
照る日——52
紅炎——53
火輪——53
幻日——53
天道——53
紅鏡——56
天つ日——57
赤日——57
日暈——57
日食——124

〈月〉
月の船——64
偃月——64
真澄鏡——64
氷輪——64
桂男——64
月の桂——65
銀鉤——65
月夜見——65
月の剣——65
玉兎——65
月虹——67
海月——67
鏡花水月——67
月露——67
霽月——67
幻月——67
生光——67
月気——68
月冴ゆる——68
盈月——68
淡月——69
煙月——69
青月——69
孤月——69
上弦——70
下弦——70
立待月——70
寝待月——70
朔望——70
弓張り——70
天満月——71
望月——71
眉月——71
片割月——71
降り月——71
十六夜の月——71
小望月——71
既望——71
暁月夜——74
名残の月——74
残月——74
宵月夜——74
夕月——74
月代——74
朝行く月——74
繊月——74
夕月夜——74
白夜月——75
臥待月——75
盈虚——124

〈星〉
六連星——76
太白——76
熒惑——76
鎮星——76
歳星——77
辰星——77
柄杓星——77
布良星——77
斗掻星——77
夫婦星——77
二十八宿——78
星芒——80
星明かり——80
星影——80
星月夜——80
星降る夜——80
綺羅星——81
客星——82
婚星——82
星屑——82
糠星——82
妖星——82
荒星——83
景星——83
七つ星——83
箒星——83

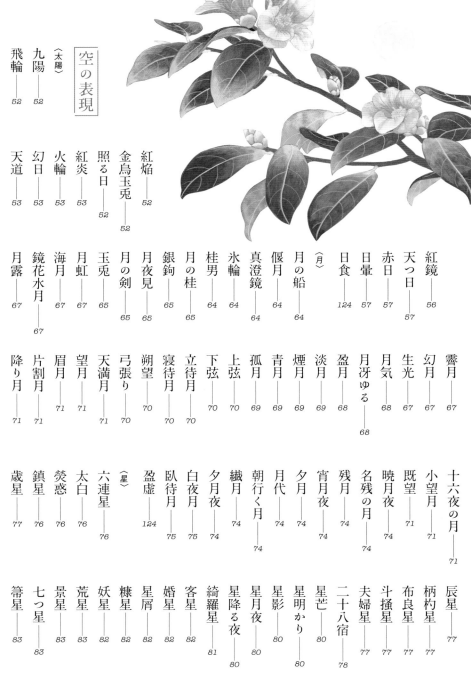

凍星——84
彼は誰星——84
残星——84
星の入東風——84
夕星——84
枯木星——84
一番星——84
春星——85
漢天——91

〈天気〉

晴天・好天気

炎旱——57
日照り雲——86
日和——88
上天気——88
澄み渡る——88
炎天——88
晩晴——89
日本晴れ——89
俄日和——89
快晴——89
日照り——89
空模様——90
碧空——90
青空——90
一天——90
碧落一洗——91
干天——91
蒼穹——91
穹窿——91
高空——91
虚空——132
雲霓——194
朝虹——194
夕虹——194
虹霓——195
彩雲——195
天弓——195

悪天候

光る神——86
雪明かり——86
狐の嫁入り——86
照り降り雨——86
晴嵐——86
幕電——86
雷光——87
稲妻——87
曇天——124
暮雨——124
暗雲——124
陰雲——124
淫雨——124
煙雨——124
晩霞——124
暮露——124
白雨——125
黒雲——125
夜雨——125
夕立——125
小夜時雨——125
小夜嵐——125

花鳥風月の表現

〈花・植物〉
花明かり――24
爛漫――24
月桂――24
月華――24
桜影――24
花影――25
花の露――25
花月――25
花篝――25
華光――25
鬱蒼――118
木陰――118
花陰――119
陰裏――119
草隠れ――119
夕影草――119
夕陰草――119

〈自然〉
銀嶺――24
来光――25
涼陰――99
深山幽谷――118
鬱然――118
夜禽――118
朦々たる――118
陰野――119
白兎――199

〈水〉
水月――26
銀波――26
月の道――26
照る月波――26
流光――26
波光――27
水影――27
水鏡――27
濁浪――119
深潭――136
九皐――136

〈火〉
不知火――34
灯影――34
焔――34
灼熱――34
蛍火――34
灯火――34
燎原の火――34
燎火――34
火光――35
狼火――35
燈火――35
忌み火――35
紅蓮――35
閃火――35
光炎万丈――92
火影――99

〈宝石〉
藍玉――32
黄玉――32
翠玉――32
紅玉――32
黒瑪瑙――32
金紅石――32
孔雀石――32
黄鉄鉱――32
柘榴石――32
瑠璃――32
天河石――32
翡翠――32
電気石――32
琥珀――32
紫水晶――33
金剛石――33
虎目石――33
蛋白石――33
藍銅鉱――33
夜光の璧――95

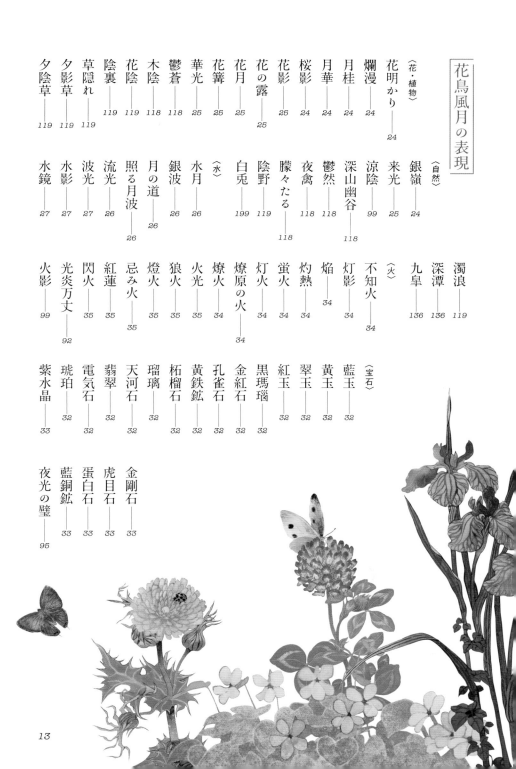

時間の表現

〈夜明け〉
つとめて——54
東雲——54
朝まだき——54
暁光——54
初明かり——54
白白明け——54
晨光——55
黎明——55
時明かり——55
旭光——55
曙光——55
暁闇——112
残夜——116
黎旦——117
〈昼の刻〉
烈日——56
日向——56
日中——57
日の目——57
白日——57
陽光——57
〈夕の刻〉
黄昏時——58
雀色時——58
火点し頃——58
暮合——58
逢魔が時——58
暮れ泥む——59
夕闇——59
晩景——59
残紅——60
夕映え——60
紅霞——60
残陽——60
落日——60
日没——60
落照——60
落陽——60
夕景——60
夕明かり——60
夕影——61
斜陽——61
夕暗——114
宵闇——114
暮夜——114
かわたれ時——114
暮色蒼然——114
宵の口——114
蒼然——115
〈夜の刻〉
夜天光——49
余光——49
夜光——63
白夜——63
薄闇——63
宵——63
明離——63
細波——63
呉竹——63
夜陰——112
小夜——112
夜の底——112
夜の帳——112
夜夜中——112
終夜——113
五夜——114
未明——116
降行く——116
可惜夜——116
夜半——117
正子——117
深更——117
人定——117
草木も眠る丑三つ時——117

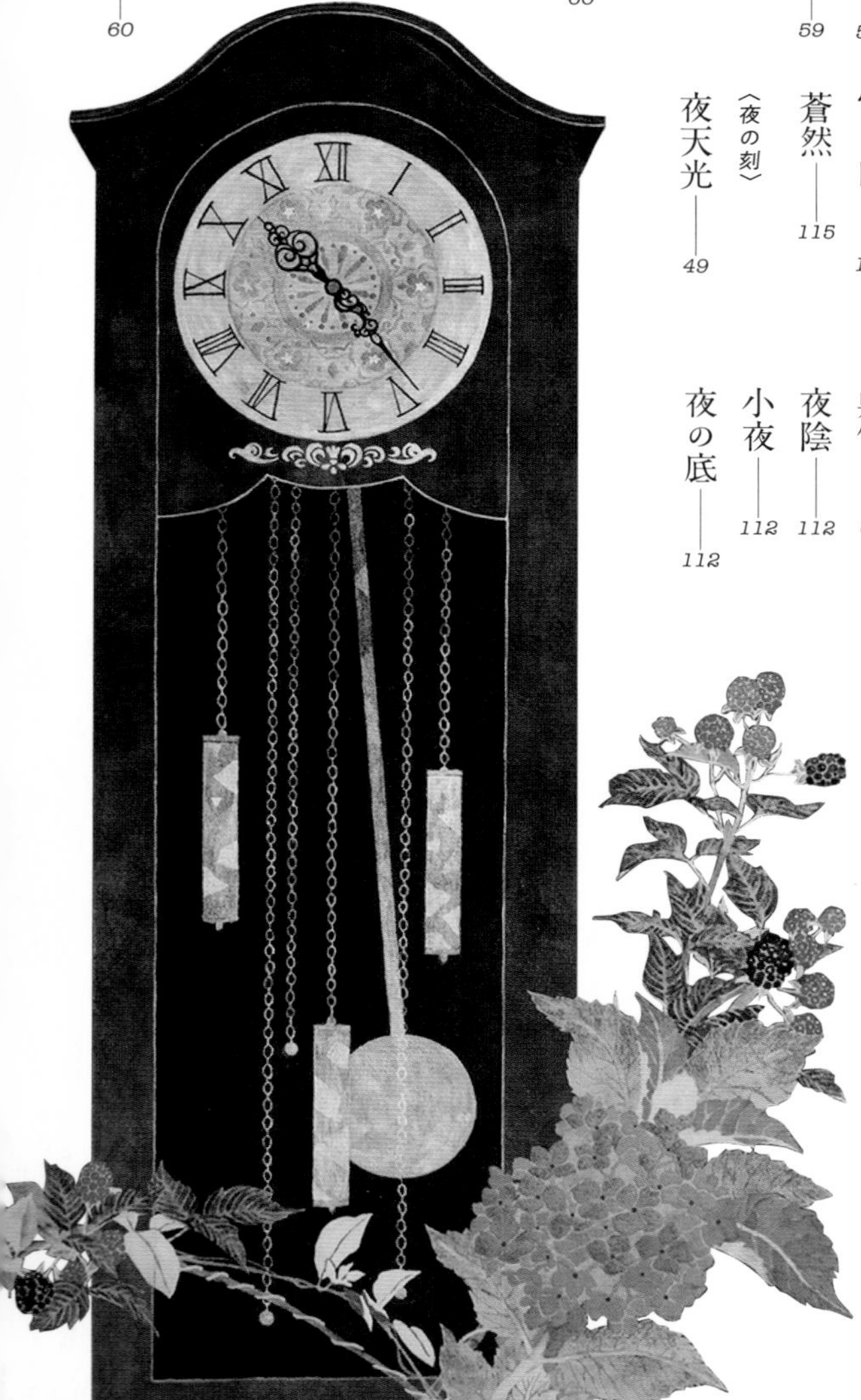

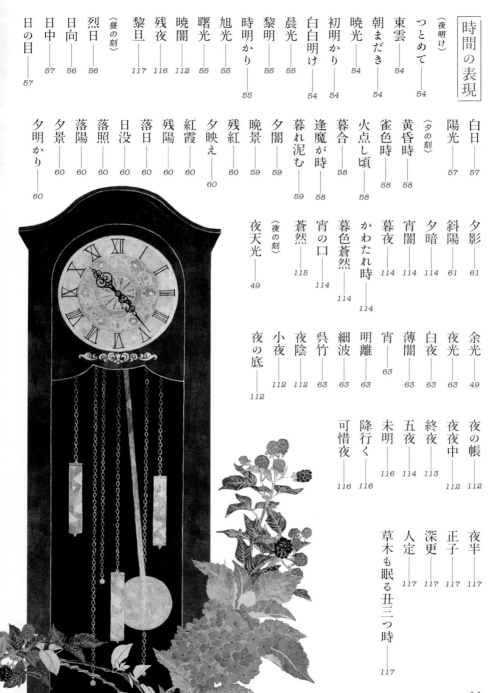

季節の表現

〈春〉
春燈 28
風光る 28
春光 28
春茜 29
韶光 29
九春 29
花曇 29
朧月 72
春の星 78
麦星 78
真珠星 78
柳陰 120
春宵 120
春闇 120
闇の梅 120
〈夏〉
草いきれ 29
月涼し 72
夏の霜 72
彦星 78
織姫星 78
赤星 78
旱星 78
熱雷 86
五月闇 121
君影草 121
短夜 121
夏日影 121
青葉闇 121
下闇 121
陰涼し 121
片陰 121
蝉の羽色 197
〈秋〉
秋陽 30
照り葉 30
無月 73
佳宵 73
涼月 73
素月 73
最中の月 73
有明の月 73
空の鏡 73
栗名月 73
碇星 78
秋の雷 86
白露 87
虫時雨 122
水影草 122
長夜 122
釣瓶落とし 122
秋陰 122
〈冬〉
愛日 31
冬日 31
狐火 31
寒月 73
鼓星 79
源氏星 79
平家星 79
青星 79
寒昴 79
除夜 123
影冴ゆる 123
寒影 123
霜夜 123
影氷る 123

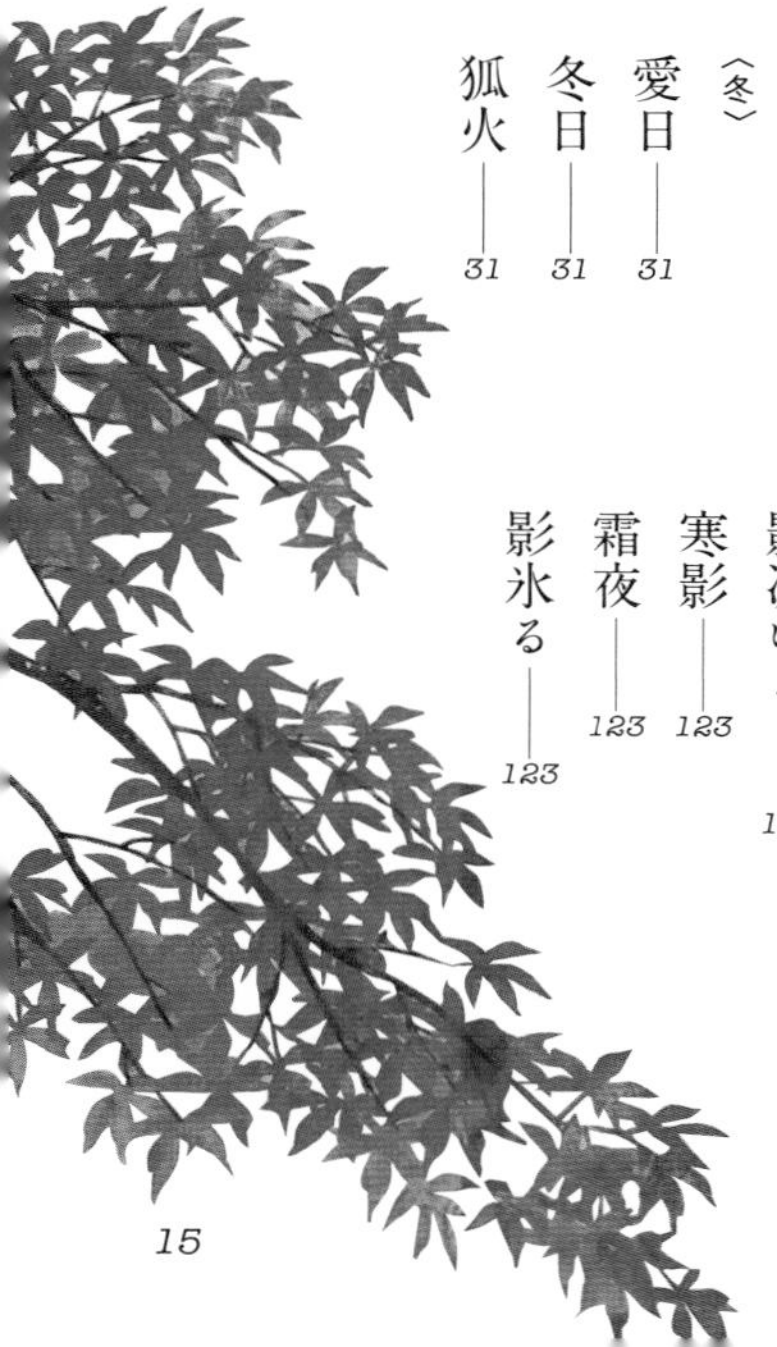

神・妖の表現

〈神仏〉
灯、滅せんとして光を増す―94
無明―104
付喪神―107
化身―109
呪符―110
厄除け―110
符呪―110
呪詛―110
妖術―110
禁呪―110
禁厭―110
加持―111
祈祷―111
呪い―111
まじない―111
厭勝―111
結界―111
式神―111
如法暗夜―113
黄泉―126
冥界―127
後生―127
極楽浄土―127
円寂―128
召天―128
入定―129
お陀仏―129
往生―129
遷化―129
庭に灯明がつけば、家の内は闇になる―145
紫磨金色―193
白雪、却って黒し―203
色観音に取り持ち地蔵間男薬師―205
〈あの世〉
草葉の影―98
火血刀―107
黄泉比良坂―126
冥府―126
彼の世―126
才太郎畑―126
冥途―126
奈落―126
常夜の国―126
限りの旅―127
根堅州国―127
九原―127
沖つ国―127
幽界―127
又の世―127
彼岸―127
〈怪異〉
幽鬼―106
魔物―106
妖魔―106
御化―106
魑魅魍魎―107
妖怪―107
百鬼夜行―107
妖異―107
物の怪―107
亡霊―107
怪奇―108
へんてこりん―108
奇々怪々―108
異類異形―108
面妖―108
摩訶不思議―108
幻影―108
神秘―108
珍妙―109
霊妙―109
除霊―111
降霊―111
陰火―119
異様―130
猟奇―131

色の表現

黒
烏 148
濡れ烏 148
射干玉 148
呂色 148
黛 148
黒檀 149
緇 149
骨炭 149
幽 149
青絲 149
昏 149
暗色 149
玄 149
黒 150
黒橡 150
墨色 150
濡羽色 150
涅色 150
暗黒色 150
漆黒 150

赤
紅 152
今様色 152
蘇芳 152
茜色 152
猩々緋 152
丹色 152
緋色 153
赤香色 153
深紅 153
朱色 153
赤 153
臙脂 154
葡萄色 154
赭 154
珊瑚色 154
苺色 154
牡丹色 155
躑躅色 155
韓紅 155
薔薇色 155
山橘 155
長春色 196
梅重 196

桃
桜色 156
一斤染め 156
鴇色 156
退紅 156
薄紅 156
桃色 157
紅梅色 157
撫子色 157
桃花褐 157
真赭 157

橙
人参色 158
赤白橡 158
纁 158
東雲色 158
柑子色 158
萱草色 158
杏子色 158
赤朽葉 158
橙色 159
黄丹 160
蒲色 160
樺色 160
蜜柑色 160
朱華 160
埴生 161
小麦色 161
洗朱 161
狐色 161
肌色 161
柿渋色 198
柿色 198

茶
橡色 162
小豆色 162
白茶 162
香色 162
丁子茶色 162
鳶色 162
赤銅色 162
朽葉色 163
千歳茶 163
媚茶 163
亜麻色 163
琥珀色 164

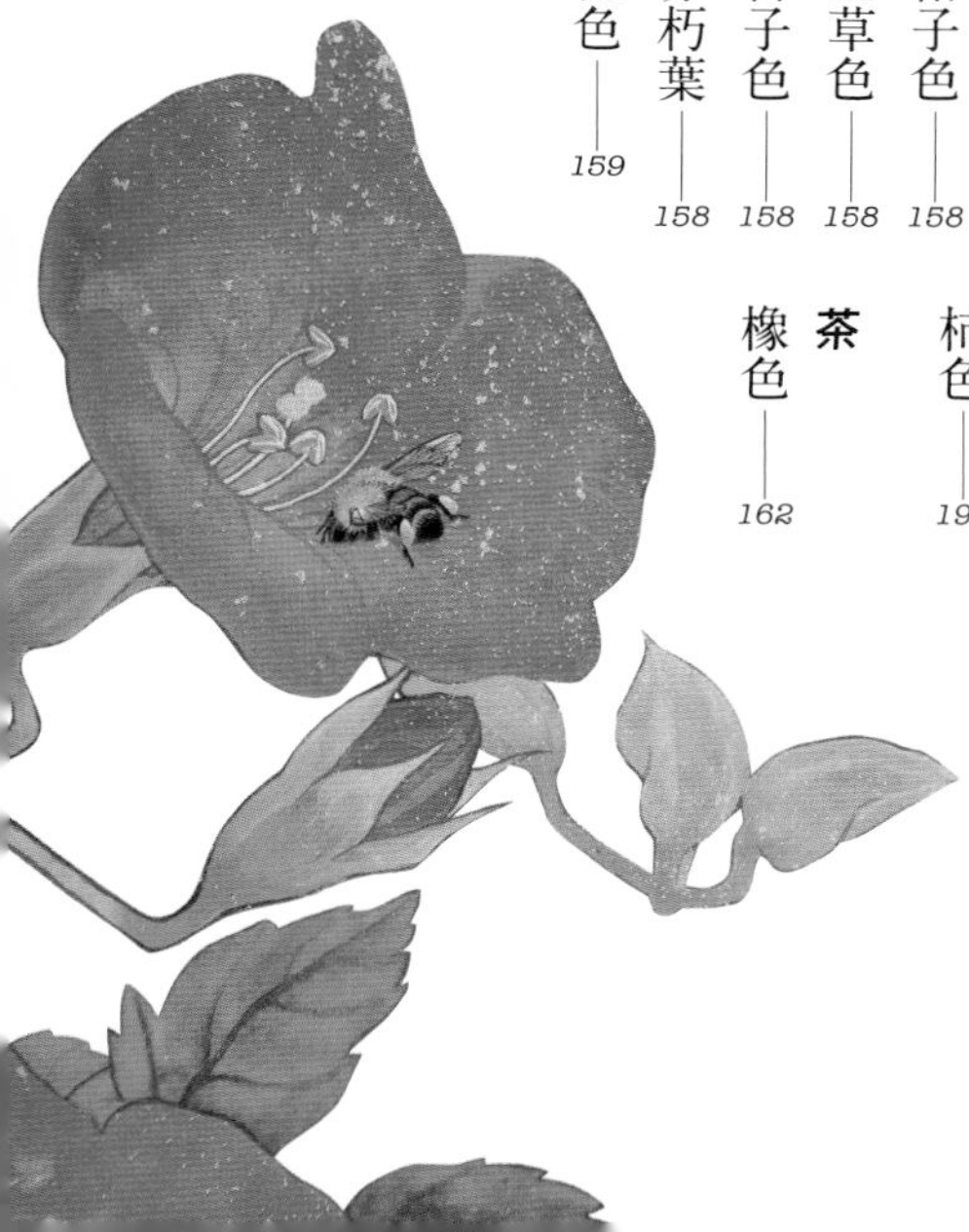

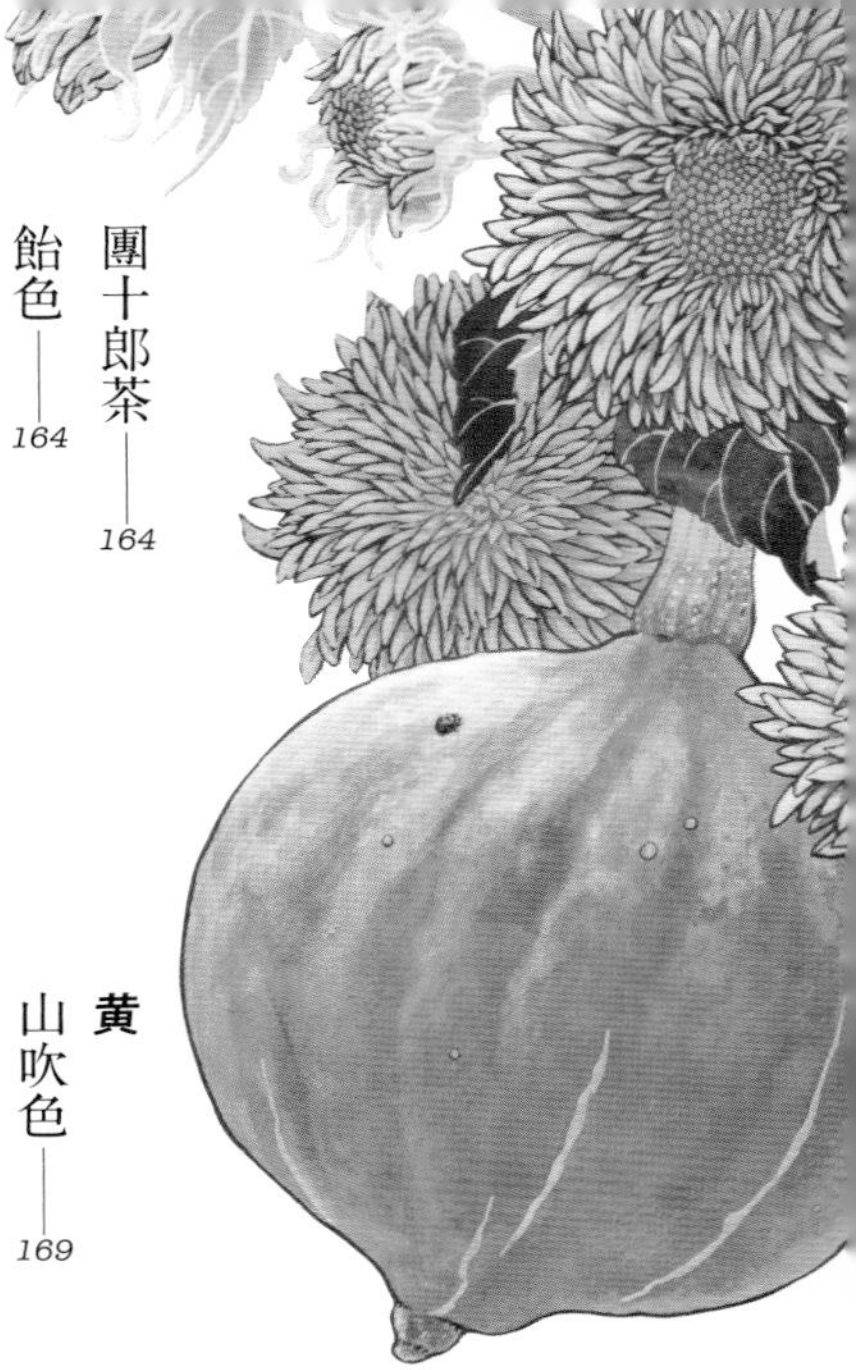

- 團十郎茶 164
- 飴色 164
- 代赭 164
- 檜皮色 164
- 梅幸茶 164
- 土器色 164
- 榛色 164
- 胡桃色 165
- 煤竹色 165
- 肉桂色 165
- 焦茶 165
- 丁子色 166
- 芝翫茶 166
- 路考茶 166
- 褐色 166
- 弁柄色 166
- 黄櫨染 166
- 憲房色 166
- 利休茶 166
- 煉瓦色 166
- 煙草色 166
- 栗梅 167
- 茶色 167
- 駱駝色 167
- 桑染 167
- 柴色 167
- 榛摺 167
- 栗色 198

黄

- 山吹色 169
- 枯草色 169
- 黄色 169
- 卵色 169
- 鬱金色 169
- 刈安色 169
- 練色 169
- 梔子色 169
- 芥子色 169
- 黄土色 169
- 黄蘗色 171
- 雄黄色 171
- 蒲公英色 171
- 金糸雀 171
- 鳥の子色 171
- 生壁色 171
- 黄鶸毛 171
- 黄橡色 171
- 黄葉色 171
- 雌黄 171
- 枯れ色 198

緑

- 翠色 172
- 抹茶色 172
- 柳色 172
- 若苗色 172
- 青磁色 172
- 緑 172
- 若葉色 172
- 鶸色 173
- 青朽葉 173
- 白緑 173
- 裏葉色 173
- 浅緑 173
- 若草色 173
- 松葉色 174
- 萌黄 174
- 木賊色 174
- 麴塵 175
- 青丹 175
- 青白橡 175
- 苔色 175
- 鴨の羽色 176
- 老竹色 176
- 老緑 176
- 海松色 176
- 鶯色 176
- 深緑 176
- 根岸色 176
- 青竹色 176
- 草色 176
- 緑青色 176
- 濃緑 176
- 若竹色 197

青

- 藍色 178
- 勿忘草色 178
- 千草色 178
- 白藍 179
- 水色 179
- 新橋色 179
- 瓶覗 179

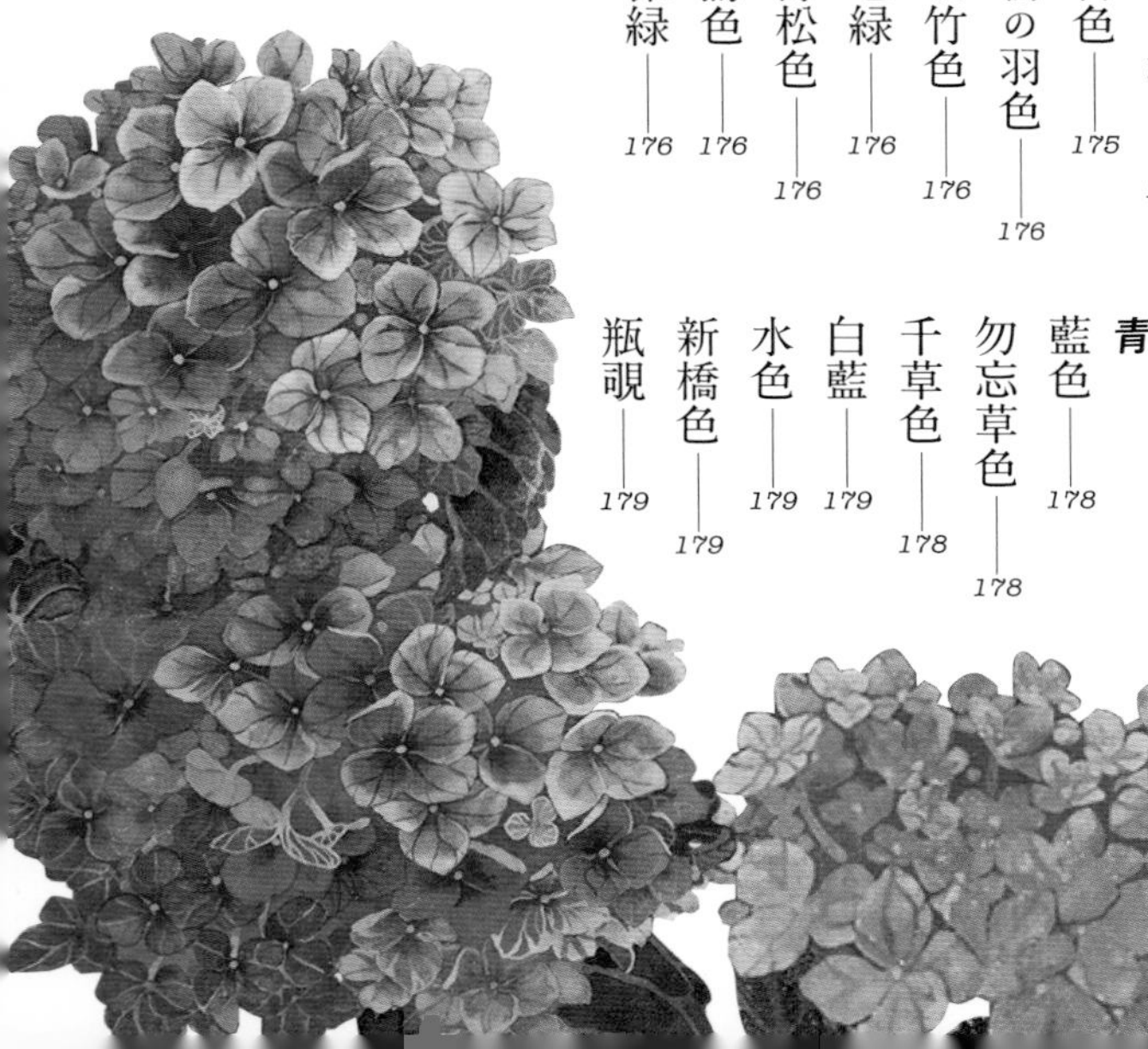

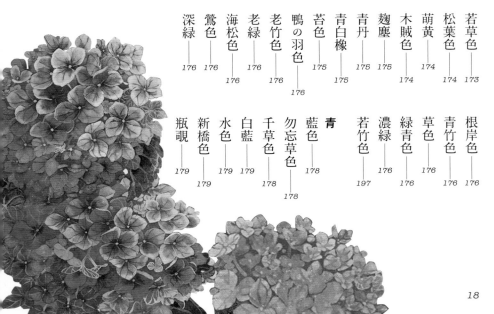

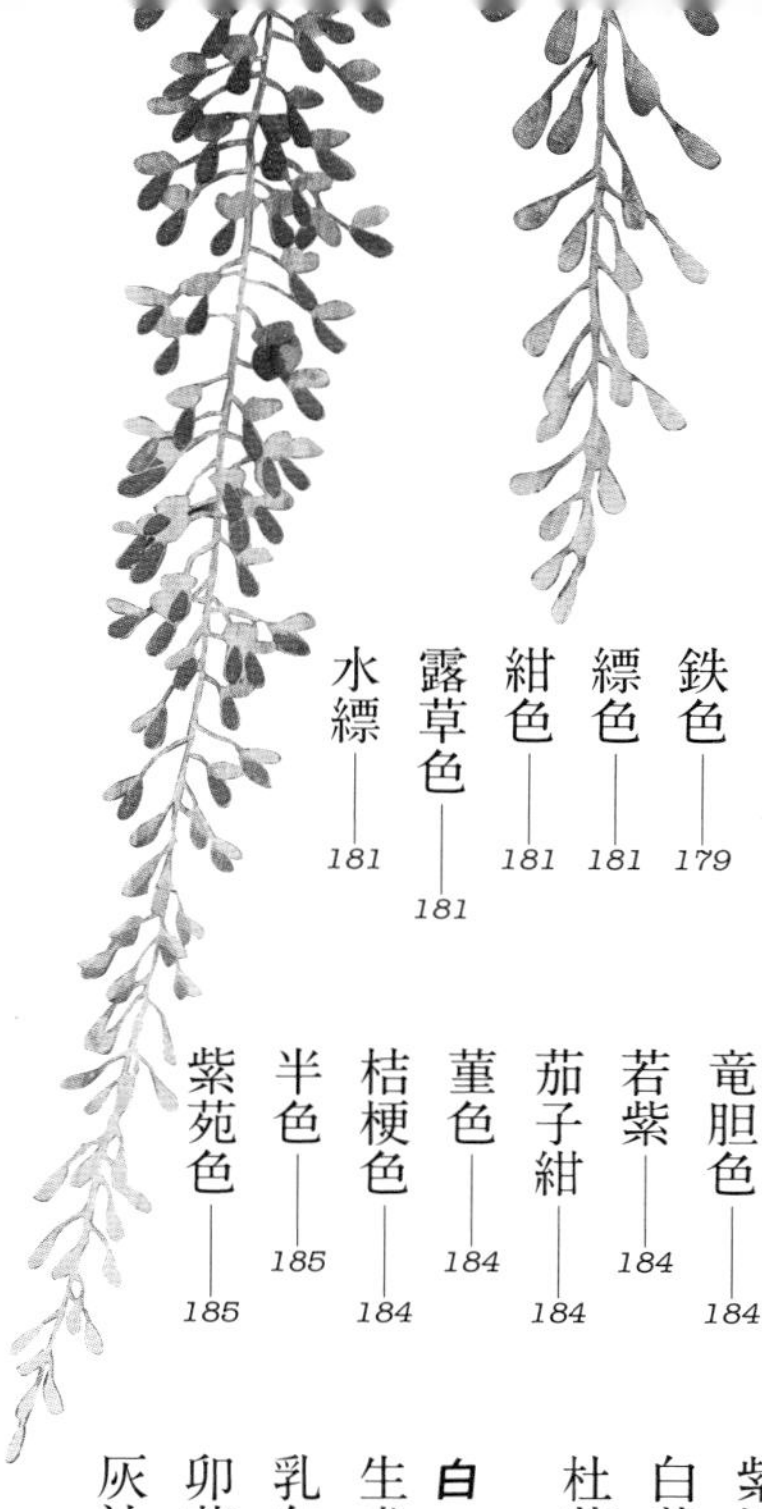

浅葱色 179
白群 179
空色 179
青 179
鉄色 179
縹色 181
紺色 181
露草色 181
水縹 181
群青色 181
紺青 181
瑠璃色 181
濃紺 181
納戸色 181
錆納戸 181
水浅葱色 182
唐金 182
山藍摺 182
鴨頭草色 182
褐返 182

紫

藤色 184
竜胆色 184
若紫 184
茄子紺 184
菫色 184
桔梗色 184
半色 185
紫苑色 185
濃色 185
紫 185
藤紫 185
薄色 185
楝色 187
似紫 187
江戸紫 187
古代紫 187
二藍 187
滅紫 187
菖蒲色 187
京紫 187
本紫 187
紫黒 187
白菫色 196
杜若色 197

白・灰

生成り色 188
乳白色 188
卯花色 188
灰汁色 188
深川鼠 188
銀鼠 188
砂色 188
白 188
青鈍 188
空五倍子色 190
梅鼠 190
灰色 190
鉛色 190
利休鼠 190
鼠色 190
薄墨色 190
鈍色 190
真白 191
仄白い 191
素色 191
糟毛 191
枯野色 199
皓 199
白粉の看板に鷺を描く 203

金銀

黄金色 192
銀灰色 192
燻銀 192
白銀 192
金襴 193
金色 193
銀色 193
いかけぢ 193
金泥 193
白銀 199

虹色

錦 194
錦色 195
玉虫色 195
七彩 195

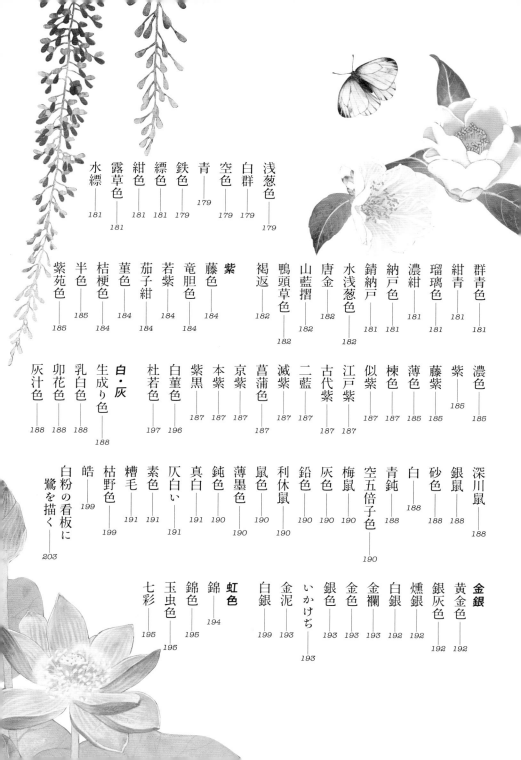

目次

序文 2
本書の使い方 4
表現したいものからことばを探す モチーフ別索引 6

第1章 光のことば

自然の表現
花・野山と光 24
輝く水 26
春・夏の光 28
秋・冬の光 30
宝石の輝き 32
炎の煌めき 34

人物・場面の表現
輝く人 36
明るい心情 38
ハレの場 40
弾む旋律 42

明度の表現
眩しい 44
煌めき 46
仄明るい 48
暗がりの光 50

太陽の表現
太陽の異名 52
夜明け 54
白昼 56
夕刻 58
夕暮れの光 60
夜の輝き 62

第2章 闇のことば

明度の表現
陰と影 98
闇 100
見えない 104

怪異の表現
妖 106
怪異 108
呪術 110

夜の表現
夜の闇 112
夕闇 114
深夜 116

自然の表現
自然の闇 118
春・夏の闇 120
秋・冬の闇 122
空の闇 124

人物・場面の表現
あの世 126
死 128
闇纏う人 130
虚ろ 132
暗い心情 134
深みに嵌まる 136
落ちる 138
戦い・争い 140
別れ 142

闇の慣用句・ことわざ 144

月の表現
月の異名 64
月の表情 66
多彩な月光 68
満ち欠け 70
四季の月 72
名を変える月 74
星の表現
星の異名 76
四季の星 78
星の煌めき 80
代弁する星々 82
名を変える星 84
空の表現
煌めく空模様 86
晴れ 88
明るい空 90
光の慣用句・ことわざ 92

※複数のテーマに該当する語句は、重複がないよう、いずれかのテーマでのみ掲載しています。あらかじめご了承ください。

スタッフ
AD＝三木俊一
ブックデザイン＝宮脇菜緒（文京図案室）
協力＝後藤由里子
印刷＝シナノ書籍印刷株式会社

第3章 色のことば

黒の表現 148
赤の表現 152
桃の表現 156
橙の表現 158
茶の表現 162
黄の表現 168
緑の表現 172
青の表現 178
紫の表現 184
白・灰の表現 188
金銀の表現 192
虹色の表現 194
四季の色の表現 196
色の慣用句・ことわざ 200

索引 206
参考文献 220
後書 222

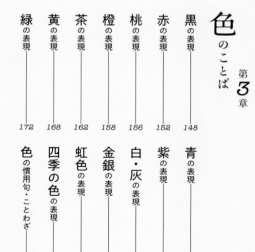

第1章

光のことば

明るさや輝きを表すことば。
前向きな状況や、美しい情景、
明るい心情、物事が好転する兆しを
煌《きら》めくことばの数々で綴る。

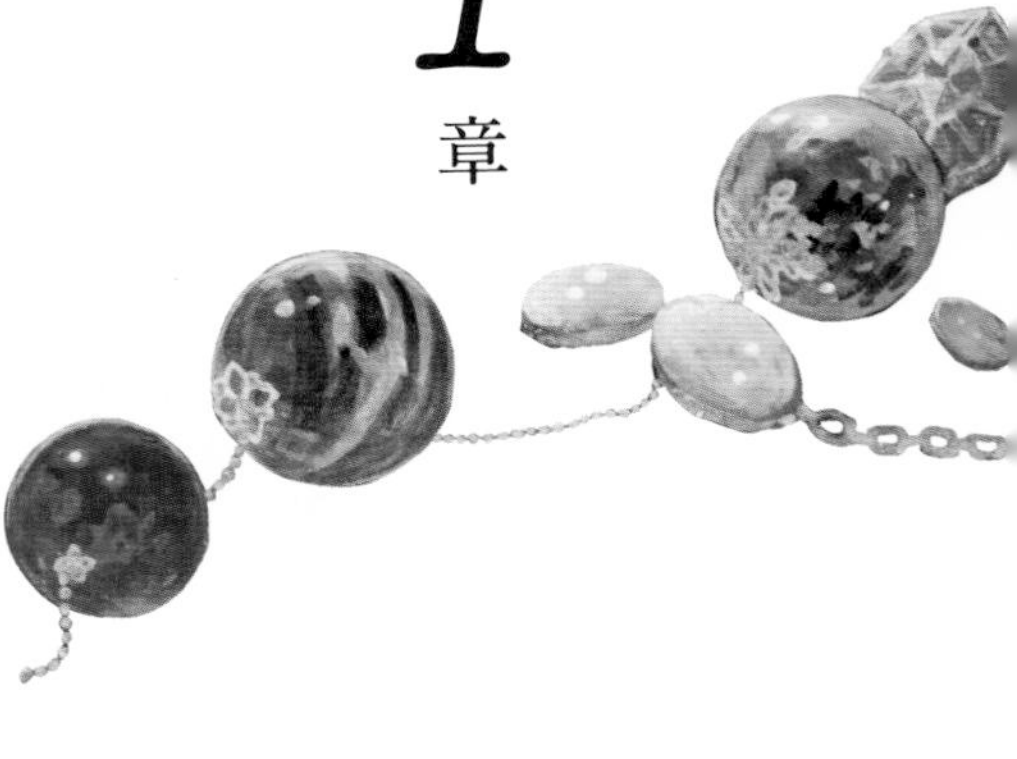

自然の表現 24
人物・場面の表現 36
明度の表現 44
太陽の表現 52
月の表現 64
星の表現 76
空の表現 86
光の慣用句・ことわざ 92

花明かり《はな・あかり》

一面に咲き誇る桜が、夜になっても明るく見えること。花が咲き乱れて、闇夜をほのかに照らしていること。春を表す季語としても使われる。

〈用法〉「――でほのかに暮れ残った河岸を、二人で手を繋いで歩いた」

銀嶺《ぎん・れい》

雪が積もって、銀色に美しく輝く山。あるいは山々の峰が銀色に輝いていること。

爛漫《らん・まん》

一面に、花が咲き乱れていることをいう。「爛」は、光輝いていること。また、美しく咲き乱れていること。「漫」は、とりとめなく広々と広がっていることを意味する。

〈用法〉「折から桜花は故郷の山に野に――と咲き乱れていた」海野十三『棺桶の花嫁』

月桂《げっ・けい》

中国の伝説で、月に生えているとされる桂の木のこと。月の光の美しいことをいう。「月桂樹」はローレルのことで、この略称として呼ばれることもある。

月華《げっ・か》

「月花」とも書く。月と花を合わせていったもの。また、月の光が美しく、花のように光輝くことについてもいう。

桜影《さくら・かげ》

太陽や月の光によって作られた、桜の花影（25ページ参照）をいう。また、とくに、水辺に咲いた桜が、水面に映って見えることについてもいう。

〈用法〉「春になると、池には――を縫うように鯉が泳ぐ」

花・野山と光

美しい自然の中の、光の表現。季節や、ロマンティックな場面に使いたい。

花影

か・えい

太陽や月の光によって作られた、花の影。あるいは、そのような模様をいう。

〈用法〉

「孤村の温泉、―春宵の――月前の低誦、―朧夜の姿―どれも是も芸術家の好題目である」夏目漱石『草枕』

花の露

はな-の-つゆ

桜の花びらに溜まった露《つゆ》のこと。また薔薇《ばら》を蒸留《じょうりゅう》して作ったオー・ド・ローズ（仏語）という化粧水のこと。

花月

か・げつ

美しい花が咲き乱れ、そこに月が美しく照っていること。転じて、「風流な遊び」という意味でも使う。同じ文字でも「はなつき（はなづき）」と読めば、「陰暦三月」という意味になる。

来光

らい・こう

もともとは、高い山で拝む日の出のこと。俳句では夏の季語として使われる。「来《らい》迎《ごう》（仏・菩薩が死者の魂を迎えにくること）」とも混同して使われる。

花篝

はな・かがり

夜桜を鑑賞するために焚く、かがり火のこと。京都、祇園の花篝はよく知られている。

〈用法〉

「――で映し出された夜桜を見ながらの夕べほど楽しいものはない」

華光

か・こう

「花光」とも書く。もともとは花の美しさ、艶やかさのことをいった。明治以降はとくに、花のように美しく光るものに対しても形容して使われるようになる。

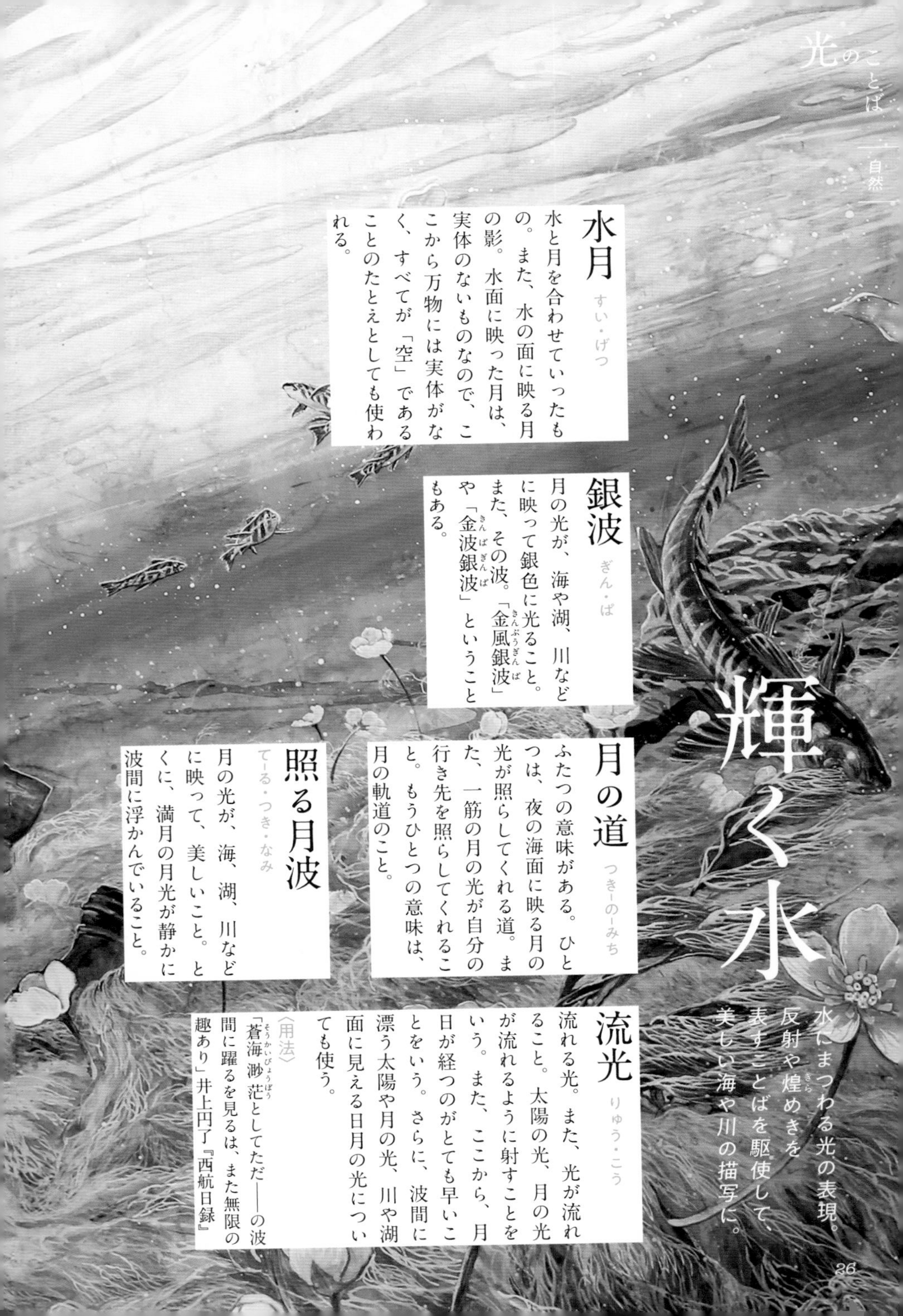

輝く水

水にまつわる光の表現。反射や煌《きら》めきを表すことばを駆使して、美しい海や川の描写に。

水月
すい・げつ

水と月を合わせていったもの。また、水の面に映る月の影。水面に映った月は、実体のないものなので、ここから万物には実体がなく、すべてが「空」であることのたとえとしても使われる。

銀波
ぎん・ぱ

月の光が、海や湖、川などに映って銀色に光ること。また、その波。「金風銀波《きんぷうぎんぱ》」や「金波銀波《きんぱぎんぱ》」ということもある。

月の道
つき-の-みち

ふたつの意味がある。ひとつは、夜の海面に映る月の光が照らしてくれる道。また、一筋の月の光が自分の行き先を照らしてくれること。もうひとつの意味は、月の軌道のこと。

照る月波
て-る・つき・なみ

月の光が、海、湖、川などに映って、美しいこと。とくに、満月の月光が静かに波間に浮かんでいること。

流光
りゅう・こう

流れる光。また、光が流れること。太陽の光、月の光が流れるように射すことをいう。また、ここから、月日が経つのがとても早いことをいう。さらに、波間に漂う太陽や月の光、川や湖面に見える日月の光についても使う。

〈用法〉
「蒼海《そうかい》渺茫《びょうぼう》としてただ――の波間に躍るを見るは、また無限の趣あり」井上円了『西航日録』

波光

は・こう

海、湖、川など、波の間に煌《きら》めく太陽や月などの光。

水影

みず・かげ

ふたつの意味がある。ひとつは、水面に映ったものの影。もうひとつは、太陽や月などの光が、水面から反射して、ほかのところを明るくすること。照り返しのこと。

〈用法〉

「――は、波光をゆらめかせて、さらさらと流れて、ふしぎな美しさであった。これは、実在のものではなかった」柴田錬三郎『赤い影法師』

水鏡

みず・かがみ

波などがなく、静かに、美しく澄んでいる水面に、ものの影が映って見えること。また、池や瓶などに水を張って、水面に顔や姿などを映して見ること。また、その水面のこと。鎌倉時代初期に作られた歴史書『水鏡』は、歴史を水面に映して見るようにということを意図して編纂《へんさん》され、その名が付いた。

〈用法〉

「彼女は涙の乾いた笑顔を遠い――にうつして見た」岡本綺堂『番町皿屋敷』

春燈　しゅん・とう

「春灯」とも書く。「燈」、「灯」は、古くは蝋燭や油を使った「灯火《とうか》」のこと。春の夜の灯火は、温かく人を包むようだといわれ、「百花に勝る」といわれてきた。

〈用法〉
「一穂の——で豊かに照らされて居た六畳の間は」夏目漱石『吾輩は猫である』

風光る　かぜ・ひかーる

「春のうららの隅田川」（武島羽衣作詞・滝廉太郎作曲の『花』）に歌われるような美風が、心地よく、太陽の光を帯びて吹くこと。

〈用法〉
「装束をつけて端居や——」高浜虚子『虚子俳句集』

春光　しゅん・こう

暖かく感じられる春の光、暖かい春の景色や日差しのこと。

〈用法〉
「室内の——は飽《あ》く迄《まで》も二人の母子に穏かである」夏目漱石『虞美人草』

春・夏の光

四季ごとに見られる光の表現。それぞれの時期の象徴的な明かりは、わが国では古から文学や俳句の季語、歌謡曲に登場し、人々に親しまれてきた。

春茜
はる・あかね

「茜《あかね》」色（152ページ参照）は、やや沈んだ赤。アカネ草の根で染めた赤色。春の夕焼けは茜《あかね》色に見える。俳句などでは、春の季語として使われる。

韶光
しょう・こう

春のうららかな太陽の光のこと。「韶」は、音や色が朗らかで明るく澄んでいることを表す。

〈用法〉
「――がきらめく隅田川を観光船が上る」

九春
きゅう・しゅん

春の季節の九十日間。陰暦の一月から三月まで。現在の二月から四月に当たる。俳句などでは春の季語として使われる。

花曇
はな・ぐもり

桜のころの「春陰《しゅんいん》」。春は、空模様が変わりやすく、とくに曇《くもり》が続くことが多い。「春曇《はるぐもり》」といったりもする。俳句では春の季語として使われる。

草いきれ
くさ‐いきれ

漢字では「草熱」と書く。夏、盛んに生い茂った草が、日光に照らされて熱気を放つこと。俳句などでは、夏の季語として使われる。

〈用法〉
「その――のするあつい空気の中で、上り下りの諸大名の通行もある」島崎藤村『夜明け前』

秋・冬の光

秋陽
しゅう・よう

秋の日差し、秋の太陽。空気が澄み、涼しい風が吹く。

〈用法〉
「――の中、紅葉狩りに出かける」

照り葉
てり・は／てり・ば

紅葉して、美しく太陽の光を浴びる木の葉。俳句などでは秋の季語として使われる。

〈用法〉
「爰《ここ》は都に事かはり、伊豆の三島の神垣に、――かがやく風景は」『歌舞伎・四天王楓江戸粧』

愛日

あい・じつ

儒教の経典『春秋左氏伝《しゅんじゅうさしでん》』に見えることばで、愛すべき冬の日の日光のこと。また父母に孝養《こうよう》を尽くすために日時を惜しむこと。親孝行であることについてもいう。

〈用法〉
「母のクリスマスのプレゼントを買うために、——の中をひとり出かける」

冬日

とう・じつ／ふゆ・び

「冬日和《ふゆびより》」という場合もある。冬の太陽や日差しのこと。また、冬の日のこと。さらに一日の最高気温が、摂氏零度以下の日のこともいう。

〈用法〉
「彼は——を浴びながら、彼女のことを待っていた」

狐火

きつね・び

狐の口からは、火が吐き出されると信じられていた。また江戸、王子稲荷は、大《おお》晦日《みそか》に狐が集まって官位《かんい》を決める行事があって、そのときに狐が怪しい火を放つと信じられていた。「鬼火《おにび》」ともいわれるが、俳句などでは冬の季語として使われる。

〈用法〉
「——や髑髏《どくろ》に雨のたまる夜に」
与謝蕪村『蕪村句集』

宝石の輝き

美しい光を放つ宝石の和名。高貴さ、気高さ、それは人の心の在り方とも無関係ではない。

藍玉
らん・ぎょく／あい・だま

アクアマリンの和名。ブラジルに多く産出するという。「あいだま」と読むと、染料「藍」を球状にしたものになる。

黄玉
おう・ぎょく

翠玉
すい・ぎょく

紅玉
こう・ぎょく

黄玉《おうぎょく》はトパーズの和名。色によって、美しい緑色のエメラルドを「翠玉《すいぎょく》」、赤いルビーを「紅玉《こうぎょく》」と呼ぶ。ブドウやリンゴなどの果実にも同じ名前のものがある。

黒瑪瑙
くろ・め・のう

オニキスの和名。火山岩の空洞に産出されるもののうち黒い色のものをとくに「黒瑪瑙」と呼ぶ。

金紅石
きん・こう・せき

チタンの酸化鉱物。ルチル。ダイヤモンドの代用品として使われる。

孔雀石
く・じゃく・いし

銅の含水炭酸塩鉱物《たんさんえんこうぶつ》。明緑色、暗緑色で、装飾品のほか、花火の原料としても使われる。マラカイトの和名。

黄鉄鉱
おう・てっ・こう

鉄と硫黄《いおう》からなる金属鉱物。

柘榴石
ざく・ろ・いし

マグネシウムとアルミニウムなどを含む合金で、とくに血赤石のものは宝石・ガーネットとして有名である。

瑠璃
る・り

ラピスラズリの和名。色の青いガラスのこともいう。

天河石
てん・が・せき

アマゾナイトのこと。緑青色の石。

翡翠
ひ・すい

中国では宝石の中でもっとも価値があるとされた。新潟県糸魚川市流域で約五千年前のものが世界最古の翡翠《ひすい》の加工とされる。世界最古の翡翠の大珠《たいじゅ》は山梨県で発見されたもの。

電気石
でん・き・いし

トルマリン。アルミニウム、硼素《ほうそ》、鉄などを含有する珪《けい》酸塩鉱物《さんえんこうぶつ》。色としては赤・青・褐色などさまざま。熱すると電気を帯びることから。

琥珀
こ・はく

樹脂類が地中に埋没して石化したもの。おおむね黄色を帯び、透明または半透明で、虫の死骸などが入っているものもある。

紫水晶《むらさき・ずい・しょう》

紫色の水晶。アメシスト。日本では鳥取県藤屋・宮城県白石市などで産出する。「紫石英《むらさきせきえい》」とも。

金剛石《こん・ごう・せき》

ダイヤモンドのこと。仏教の「金剛経《こんごうきょう》」などは、仏を信じることの信念の固さなどを象徴する言葉として使われる。

虎目石《とら・め・いし》

タイガーアイ。黄色褐色で、虎の目のように光ることから。ほかにも、鷹《たか》の目に例えられる鷹目石《たかめいし》（ホークアイ）、魚の目のような魚眼石《ぎょがんせき》（フィッシュアイ）がある。

蛋白石《たん・ぱく・せき》

オパールのこと。乳白色の地に、赤や緑の線があるものは宝石とされる。

藍銅鉱《らん・どう・こう》

岩絵の具の一種。古くから、東洋絵画における青色の顔料として使われる。

炎の煌《きら》めき

赤々とした火や炎が放つ光。烈火のごとく激しい感情、闘いの表現にもよく登場する。また、太陽の熱さを炎に見立てる場合もある。

不知火　しらぬい

九州、熊本県の八代《やしろ》や有明《ありあけ》海《かい》に点々と見える、怪しい光のこと。夜光虫や、燐《りん》の発光、漁《いさ》り火かのいずれかではないかといわれている。とくに秋に見えることが多く、俳句などでは秋の季語として使われる。

〈用法〉
「——の見えぬ芒《すすき》にうづくまり」杉田久女『杉田久女句集』

灯影　とう・えい

室内を明るくするために灯される光。

焔　ほむら

「炎」とも書く。「焔」は、火を指すことが多く、とくに蝋燭などの火に使われることが多い。灯の先の炎。「焔転《えんてん》」は、焔が、ほかのものに燃え移ることをいう。

灼熱　しゃく・ねつ

「灼」は、もともと赤々と花の色が光輝くことをいうが、太陽の光が赤々として暑いこと。「灼熱」は、焼け焦げるように熱いこと。炎天下の暑いことを「灼熱地《しゃくねつじ》獄《ごく》」といったりする。

蛍火　けい・か／ほたる・び

蛍《ほたる》のお尻の部分の光。ぼんやりとした黄色い光のこと。俳句などでは夏の季語として使われる。また、消え残った炭火や、タバコの火などについてもいう。

〈用法〉
「火鉢の中の——を長い烟管《えんかん》でほり出し、烟草《たばこ》をばパクリパクリと飲で居る」五代目翁家さん馬『落語・裏《うら》の裡愛妾《うらあいしょう》の肚《はら》』

灯火　とう・か

「燈火」とも。蝋燭の火、また油で灯す火のこと。

燎原の火　りょう・げん・の・ひ

勢いが強く、防ぎ止めることができない野火や山火事のこと。また転じて、革命などの民衆の力が、甚《はなは》だしい勢いで広がって行くことのたとえとして使われる。

〈用法〉
「熱狂的な思想は、群衆の間に——のように広がっていった」

燎火　りょう・か

照明のために、庭で焚くかがり火のこと。「燎」は「かかりび」とも読む。

火光　か・こう

火を焚いて光とすること。また火の光のことをいう。「火光《かこう》での漁業」でいう「火光」は、漁《いさ》り火《び》のことで、火を焚《た》いて魚を集め、漁をすることをいう。

狼火　ろう・か

古代、中国や日本では、狼の糞《ふん》を火にくべると煙が真っ直ぐに上がるとして、信号などを上げるのに、使われた。「狼煙《のろし》」、「おおかみの糞」ともいう。

燈火　ともし・び／とう・か

「灯火」とも書く。古くは、蝋燭や油で灯した火のことをいった。「ともしび」や「あかり」のこと。

〈用法〉
「――を消す」

忌み火　い－み・び

「斎火」とも書く。火《ひ》鑽《き》りで熾《おこ》し、神に供えるために汚れを払い清めた火のこと。

〈用法〉
「神棚に上げる――を熾《おこ》す」

紅蓮　ぐ・れん

もともとは、赤い色の蓮のこと。ただ、形が炎に似ていることから、猛火《もうか》の炎をいう。また、真紅《しんく》の色をいう。

閃火　せん・か

「煌《きら》めく火」のこと。「閃」は、「一瞬、ちらっと見える」という意味の漢字。「閃光《せんこう》」は、一瞬だけ煌《きら》めく光のこと。

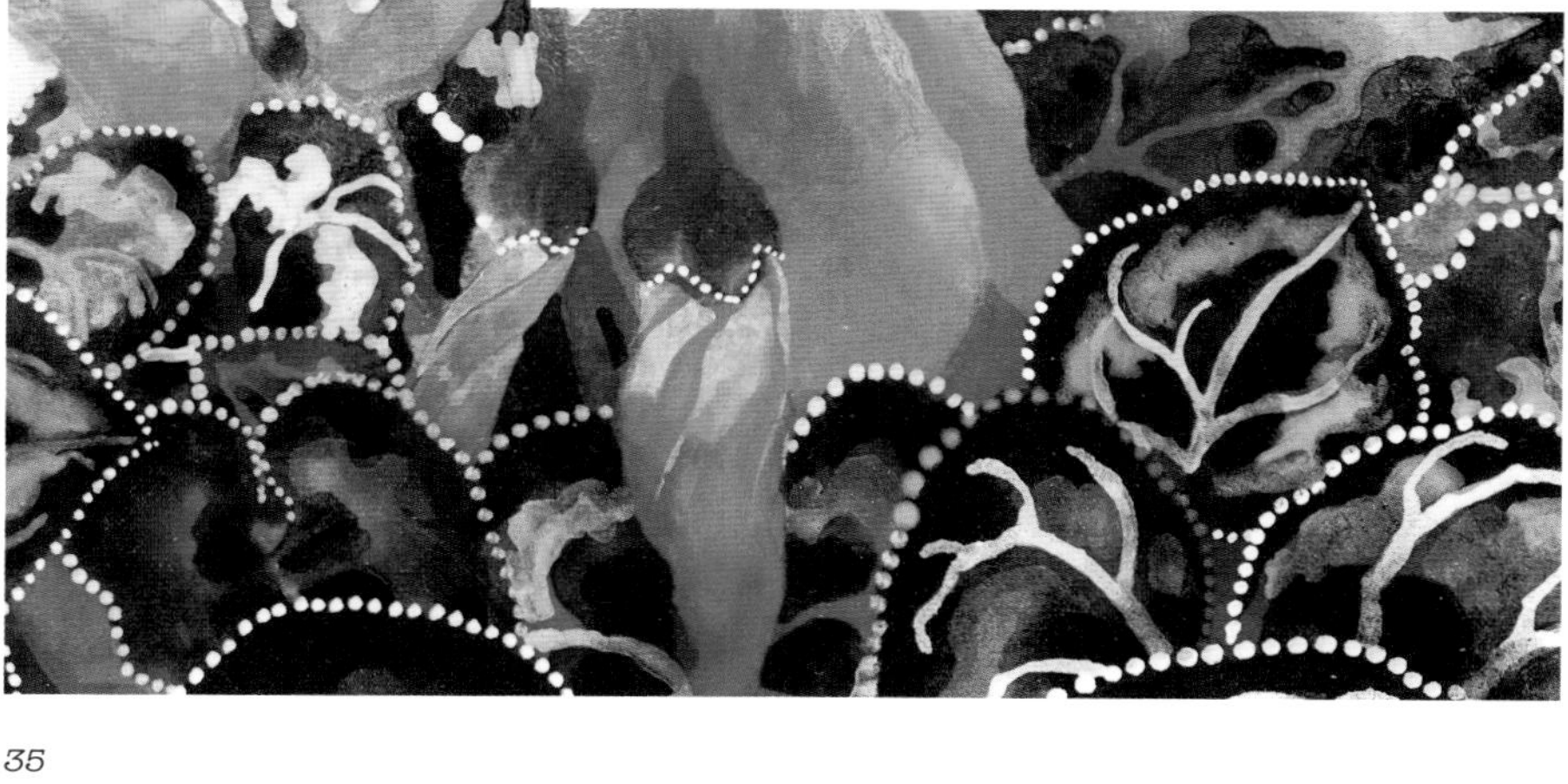

若鮎のような
わか・あゆーのような

若いピチピチとした鮎《あゆ》のように、美しくきれいで元気であること。

快活
かい・かつ

「快闊」、「開豁」とも書く。もともと、風景や景色が広々と開けていることをいった。そこから人の気質がさっぱりとして、度量が広く、こせこせしないこと。

〈用法〉
「——な爺《じい》さんの方で中々彼を放さなかった」夏目漱石『明暗』

闊達な
かっ・たつーな

「豁達」とも書く。心が広々として大きく、自由自在であること。「闊」は、広くて遥かに広がっていること。「闊大」は、広々として大きいこと。

輝く人

明るい人物表現に使えることば。
穏やか、純粋、前向きなど、
微妙な雰囲気によって使い分けられる。
魅力的な人は、花や魚、風など
美しい自然現象にたとえられる。

春風駘蕩

しゅん・ぷう・たい・とう

もともと春の風が優しく、ゆたかに、のどかに吹くこと。転じて、人の態度や性格、また雰囲気などがのんびりして温和であることについてもいうようになった。

〈用法〉

「——としてゐて起居動作《ききょどうさ》が日常と少しも変ってゐなかった」横光利一『家族会議』

活発

かっ・ぱつ

もともと魚などが、勢いよく水から跳ね上がることをいったことば。活き活きとして勢いがある人や物事に対しても使われるようになった。

〈用法〉

「——に動き廻ると、どんどん先の未来が拓《ひら》けてくる」

天真爛漫

てん・しん・らん・まん

華やかで無邪気で明るいこと。「天真《てんしん》」は、無邪気で、うわべを飾ったところがなく、ありのままであること。「爛漫《らんまん》」は、光輝くように花が咲き乱れていること。

〈用法〉

「——な性格のまま大人になった彼女」

屈託がない

くっ・たく・がない

明るく朗らかで、くよくよしないこと。「屈託」は、あることだけに気を取られてくよくよすること。疲れて倦《あ》きることをいう。ふつう、「屈託がない」ということばで使う。「屈」は、お尻を出して身体を曲げること。「託」は、自分でしないで人に任せること。ほかのことに便乗すること。

〈用法〉

「集まった人たちは、みな——顔で楽しそうだった」

明るい心情

心持ちや気持ちが明るいこと。前向きな状況は、空や浮遊するような表現によくたとえられる。古くから使われることばには、仏教用語や古語が語源のものもある。

有頂天

う・ちょう・てん

もともと仏教用語で、存在の最上である頂《いただ》きにあるとされる所。何かに夢中になり、ほかのことを省《かえり》みないこと。我を忘れること。

〈用法〉
「小さな勝利に、私は——になりすぎていた」

浮き立つ

うーき・たーつ

もともとは、空中にものが浮き上がることをいう。またまわりのものより目立つこと。さらに、人の心などが浮ついて定まらなくなること。

〈用法〉
「——雲の行方をや、風の心地を尋ねん」『謡曲・土蜘蛛』

朗らか

ほがーらか

火や太陽を古語で「ほ」ということから、明るいことという意味の「ほがらか」ということばが語源であるとされる。曖昧さがなく、よく見えること。明るいこと。人の表情がはれやかでさわやかなこと。

〈用法〉
「かぎりなき人と聞ゆれど、今の世のやうとては、みな——にあるべかしくて」『源氏物語』

天にも昇る

てんーにも・のぼーる

「天にも昇る心地」ともいう。非常に嬉しくて、心が浮き立つことをたとえていう。

〈用法〉
「今日からは君を毎日見ることも出来る、君と自由に話すことも出来る、—さう思ふと私は——心地がした」田村泰次郎『肉体の悪魔』

夢心地
ゆめ・ごこ・ち

夢を見ているようにうっとりとした心持ち。ぼんやりしている状態。「夢見心《ゆめみごこ》地《ち》」ともいう。

〈用法〉
「大津は自分の書いた原稿を見つめたままじっと耳を傾けて——になった」国木田独歩『忘れ得ぬ人々』

晴れ晴れしい
はーれ・ばーれしい

空が晴れているように、心がすがすがしいこと、嬉しく感じること。華やかであること、また広々としていること。

〈用法〉
「北側の眺めは殊《こと》に——しかった」夏目漱石『彼岸過迄』

明朗
めい・ろう

明るくて、ほがらかであること。さっぱりしていて、晴れやかであること。「明朗《めいろう》闊達《かったつ》」とは、はっきりしていて元気があり、うそやごまかしがないことをいう。

〈用法〉
「——な声で元気な子どもたちの歌声が、鳴り響いていた」

清々しい
すが・すがーしい

爽やかで、気持ちがよいこと。思い切りがよいこと。また物事が滞ることなく、すっきりとしていること。

ハレの場

雰囲気や時代、その場など、広い範囲に渡る明るさを表現できる形容詞。
喜ばしい祝いごとや、明るい出来事が起こったときに。

ハレの日（↔ケに対する）

「ハレの日」は、民俗学者・柳《やなぎ》田《だ》國《くに》男《お》のことばで、祭などが行われる「非日常」の日のことをいう。反対語は「ケ」、「ケの日」でふだん通りの生活をする日のこと。

歓喜に満ちた

かん・きーに・みーちた

「歓」は、大声を上げて喜ぶこと。「喜」は人が多く集まって美味しい食事をするように嬉しいこと。「歓喜」は、大勢で喜ぶことをいう。喜びがその場に充満すること。

祝祭的な

しゅく・さい・てきーな

「祝」は、神の降臨を喜ぶこと。「祭」も神様を愛でて喜ぶことを表す。即《すなわ》ち、大勢の人が集まって、神を崇《あが》め讃《たた》えるように、喜ぶように祝うこと。

開放的な《かい・ほう・てきーな》

もともとは、門や戸、窓などを開けたままにしていること。自由に出入りができること。また、ありのままに見せること。

活き活き《いーき・いーき》

「生き生き」とも書く。活気（左項参照）があること。鮮度が高いこと。また生気が溢れて勢いがよいこと。

活気ある《かっ・きーある》

生き生きとして元気に溢れていること。

楽観《らっ・かん》

もともとは、楽しんで観ること。ここから、物事のなりゆきを心配しないで見ること。また、難しく考えないことをいう。

有望《ゆう・ぼう》

将来に望みがあること。見込みがあること。

期待《き・たい》

心の中で待ちもうけること。よい予期をして待つこと。

弾む旋律

テンポやリズムなど、明るい音や雰囲気を表現できることば。五感で明るさを感じれば、躍るような空気感を演出できる。

心躍る　こころ・おどる

待ち望んでいたことが起こったり、期待感などでわくわくしたりすること。喜びで気持ちが浮き立つこと。

〈用法〉
「――気持ちで、大学に進学した」

歯切れのよい　はぎ-れのよい

言動が明確ではきはきしていること。もともとは、歯で嚙み切る感じがいいこと。言葉の発音が気持ちよいことは、「文切《あやぎれ》がよい」という。

明快　めい・かい

明るくてさっぱりと気持がよいこと。また筋道がはっきりしていてわかりやすいこと。

軽快　けい・かい

心が軽く感じられるくらい、こころよいこと。また、身軽で素早いことにもいう。

軽妙な　けい・みょう-な

軽やかで、言動に巧さがあること。「軽妙洒脱《けいみょうしゃだつ》」は、軽やかで洗練された言動をいう。

華やかな　はな-やかな

派手で美しい様子。きらびやかであること。輝いていて美しいこと。勢いなどが盛んな様子。

陽気　よう・き

もともと中国の易学《えきがく》でいう陰陽《おんみょう》のふたつのうちで、「陽」は生育し発展する「気」のことをいう。ここから、気分や雰囲気が明るく、賑やかで元気であること、また、心が落ち着かないで、浮ついていることをいう。

〈用法〉
「みのるの胸には春と云ふ――さがいっぱいに溢れた」田村俊子『木乃伊《みいら》の口紅』

明度

眩しい

明度の高い明るさに関することば。眩い、強い光を感じさせる表現。

燦爛

さん・らん

目映《まばゆ》いくらいに美しく光り輝くこと。人や空間に光が満ちて、高貴さや艶やかさを感じるようなときに使う。

〈用法〉

「向側の硝子戸のなかに金文字入の洋書が——と詩人の注意を促している」夏目漱石『虞美人草』

目細し

ま・ぐわーし

目を細めるほどに、眩しいこと。『日本書紀』の注釈書のひとつ『日本紀私記』（一四二八年）には「妙美」という漢語に「まくわし（まぐわし）」という大和言葉の読みがつけられている。現代語で用例として使われるものはないが、『万葉集』（三四二四番）に歌われる。

〈用法〉

「下つ毛野 みかもの山の小楢のす——子ろは 誰《た》が笥《け》か持たむ」（下野の御鴨山の小楢のように、美しい人は、誰の御帰りを迎えるとて、飯を盛っている事だろう。外の人の為ではなく、私の為だ）『万葉集』

赫赫

かく・かく／かっ・かく

「赫」は、「赤」をふたつ並べて書かれるが、これは真っ赤に燃える炎が非常に眩しく照り輝くことを表す。光り輝くことを表す言葉としても使われるが、とくに徳のある人、立派な人のオーラや後光のようなものが素晴らしいものであることにも使われる。

〈用法〉

「夕日が——と部屋を染めている」

「前途には——たる将来が見えていた」

煌々　こう・こう

キラキラと光り輝くこと。「晃々」とも書かれることがある。「煌」は、もともと「炎」が盛んに煌《きら》めきながら燃えることを表す。「煌々とした灯り」などと使われることが多い。

眩惑　げん・わく

「眩」は、あまりに光が強すぎて、視点を定めることができないこと。「目眩《めくるめ》く」は類語。「目先の華やかさに眩惑される」などという使い方がされる。「眩惑」は「幻惑」とも書かれるが「幻」という漢字も、目がよく見えないほどに目先のものがはっきりと見えないことをいう。

炳として　へい-として

光り輝く様子。きわだって目立つさま。また、色彩が明るいことをいう。「炳」の「丙《へい》」は、この漢字の音読みを表す。「炳燭《へいしょく》」は蝋燭の灯りが美しいことをいうが、また年を取ってから勉学に勤しむことにも使う。『説《ぜい》苑《えん》』には「老いて学を好むは、炳燭《へいしょく》の明《あかり》の如し」とある。

〈用法〉
「彼女の方が、実力があることは、——明らかだった」

粲粲　さん・さん

真っ白い光が艶やかにキラキラと輝くこと。とくに太陽の光などについて使う場合が多い。

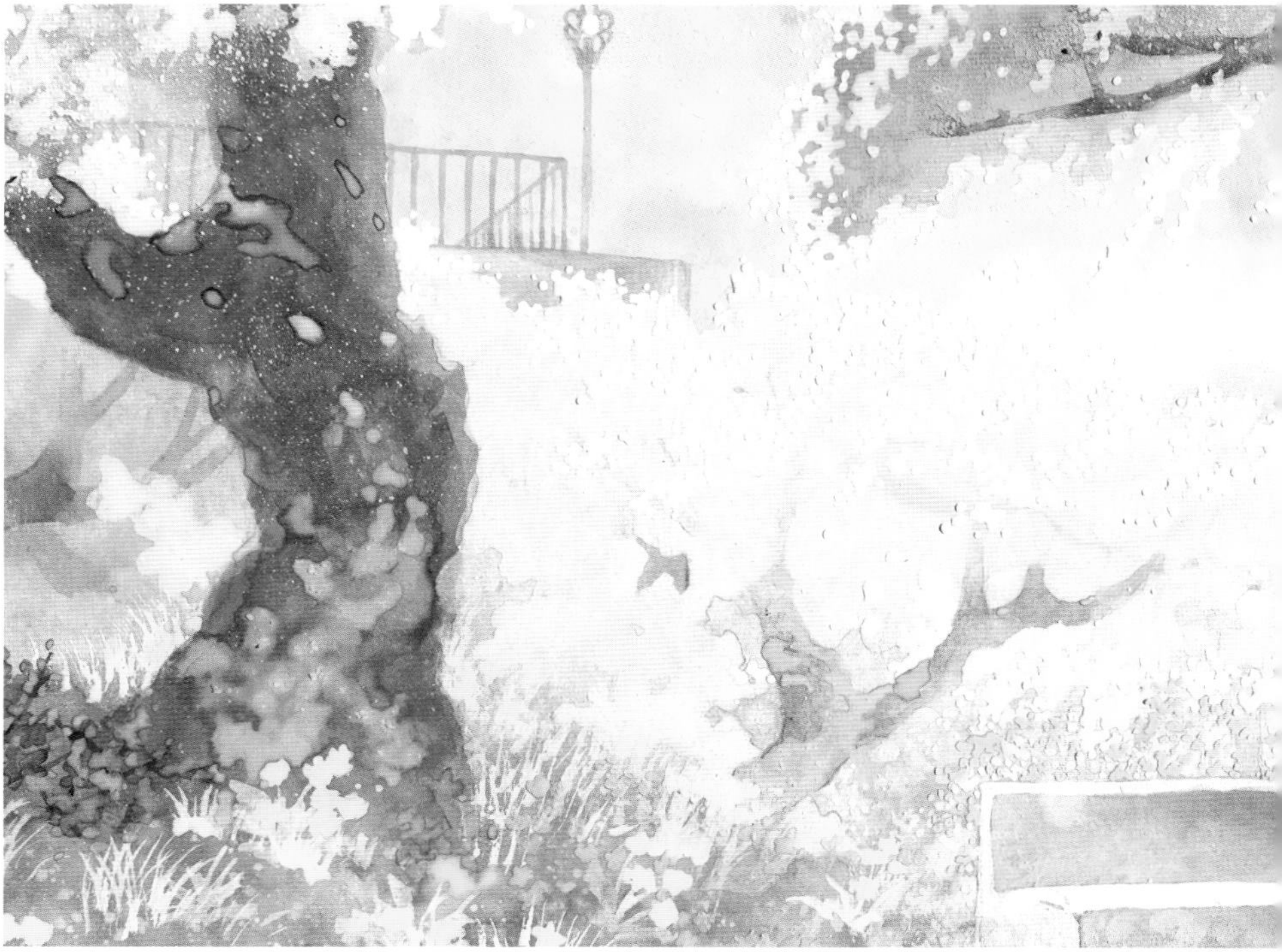

煌《きら》めき

煌《きら》めきや
一瞬の閃き、
あらゆる輝きを
表現することば。

炯然 けい・ぜん

「烱然」とも書く。「炯」は「火」と「冋」で作られた漢字で、冋（「冏」）は「格子窓から光が射し込むこと」を表す。「明」を古くは「朙」と書いたが、この左側の部分も「冏」と同じ意味である。すなわち、「炯」は、暗いところに耿耿《こうこう》と明るい灯りが照っていること。「炯然」の「然」はそのような状態であることを意味する。

〈用法〉

「——たる一星の火、暗き空にすかせば、明らかに見ゆるが」森鷗外『舞姫』

光彩陸離 こう・さい・りく・り

光が放つさまざまな色彩が乱れて、美しく煌《きら》めいていること。「陸離《りくり》」だけでも、光が分散して入り乱れること、また目映《まばゆ》い光をキラキラと放つことをいう。また、古くはさまざまな色や音色などが入り交じって美しいことを「陸離」といった。そこで「光彩陸離」といえば、光の放つ色という意味になる。

〈用法〉

「素晴らしい映画を観たためか、目を閉じても心の中は、——のままである」

一閃
いっ・せん

ピカッと光ること。また、頭にアイディアがひらめくこと。ものの動きが極めて速いことにも使う。また「紫電一閃《しでんいっせん》」という熟語もある。これは「研ぎ澄ました刀をひと振りするときに煌《きら》めく鋭い光」で、またこの熟語は「事態の火急《かきゅう》（たいへん急ぐさま）であること」を意味する。

〈用法〉
「男の――の剣によって、相手は動きを封じ込められた」

発光
はっ・こう

光を発すること、また光を放つこと。蛍《ほたる》など、生物が体内のエネルギーを外部に向けて光として発すること。

〈用法〉
「夏の夜、波打ち際に入って行くと、夜光虫の――に全身が包まれた」

光輝
こう・き

光を放って煌《きら》めき、映え輝くこと。また人やものが、輝くように美しく見えること。和語では「ひかりかがやく」とも。

〈用法〉
「彼等は自己の満足と――を棄てて、その前に頭を下げなければならなかった」夏目漱石『それから』

逆光
ぎゃっ・こう

「逆光線《ぎゃくこうせん》」の略語。反対語は「順光《じゅんこう》」。見ようとするものの背後から、光が射していること。逆光で人物の写真を撮ったりすると、その人の姿や影だけが映って顔などがはっきり見えなくなってしまうことが多い。

光昭
こう・しょう

輝かしく、人にわかるように明らかにすること。現代では「顕彰《けんしょう》」ということばで使われることのほうが多い。

〈用法〉
「先人が成し遂げた偉業を――することによって、我々が成すべき事も明らかになる」

光閃
こう・せん

「閃光《せんこう》」とも。光の閃き。「閃」は、もともと「門の間に見える隙間に人影が揺らぐこと」を表す。一瞬のうちに稲妻の光が輝くこと、また頭の中に思ってもいなかったアイディアなどが浮かぶことなどにも使う。

〈用法〉
「一瞬の――が青空に光ったかと思ったとたん、大きな雷が鳴り響いた」

光被
こう・ひ

光が広く被うこと。とくに、帝王の徳や恩沢がひろく世界を包むことをいう。最古の出典は、儒家の経典『尚書』（『書経』）で、「堯帝《ぎょうてい》の徳は、四表《しひょう》（東西南北）を光被し、上下（天地）に格《いた》る」とある。

光波
こう・は

波動としての光をいう。

〈用法〉
「わしは音波の速度と競走することをやめて、――と競走しだしたのだ」江戸川乱歩『偉大なる夢』

光耀
こう・よう

また「光曜」、「光輝（同ページ参照）」とも。「耀」も「曜」も、光や日光が小さく跳ねるように輝くこと。

仄明《ほの》るい

暗闇の中の、
かすかな明るさを
表現したいときに。

薄明かり《うす・あ-かり》

「薄」は、「艹」が付いているように、もともとススキのような草が茫々《ぼうぼう》と生えていることを表す。もちろん、「ススキ」は漢字で書けば「薄」である。「薄明かり」とは、ススキの穂を通して茫然と陰翳《いんえい》が見えることをいう。

〈用法〉
「戸の透き間から天明（よあけ）の――が射して居た」国木田独歩『波の音』

燐光《りん・こう》

燐光は、青白く、薄く微かにあるかないか分からない程度の光を放って空気中に浮かび揚がるリン酸の発光をいう。昔は、「鬼火」とか「火の玉」などといわれた。人や動物の死体のリン酸が水によって化学反応を起こし、青白い光となり彷徨《さまよ》うように見えるからである。蛍や夜光虫の発光についてもいう。

蛍光《けい・こう》

現在は、「蛍光塗料」などということばで使われるが、「蛍光」とはホタルが発する光である。古くは「螢」と書かれた。歌詞「蛍の光、窓の雪」で知られるように、電気、電燈がなかった時代、蝋燭を買うことができない人たちは、夏は蛍の光を、冬は窓辺の雪の光を頼りに書物を読んで勉強した。「蛍案《けいあん》」とは「蛍の光を集めて作った燈のある机」という意味で、「苦学」を意味する。

澄明《ちょう・めい》

「澄」という漢字は、「清らかに清んでいる」という意味とともに「深く、深淵《しんえん》な」ということも表す。「澄明」は清みきった明るさという意味で使われることもあるが、冬の早朝、深く群青《ぐんじょう》色《いろ》（181ページ参照）に美しい朝焼けが起きる寸前の美しさなどに使われる。また、「澄明な頭脳」ということばは、深く繊細な叡智と閃くような頭の冴えをいう。

仄明かり《ほの・あーかり》

「仄」は、太陽が没する時刻に、人の影がぼんやりと長く伸びることを意味する漢字。「仄明かり」とは、黄昏のときのようなはっきりしない茫然とした薄い光をいう。

夜天光《や・てん・こう》

月の出ない晴れた夜の、かすかな明るさをいう。「星野光」、「大気光」、「黄道光」の三つからできる。「星野光」は星の光の明るさ、「大気光」は空気が乾燥して薄い光が夜空を照らすこと。また「黄道光」は、冬から春の日没後の西天、秋から冬の日出前の東天に、黄道面に沿って見える淡い乳白色の円錐形の光の帯をいう。

微光《び・こう》

「微」と「徴」は間違いやすいので注意を。「微」の「π」の部分は、細い糸が垂れ下がっていることを表し、目を凝らしても見えない状態であることを意味する。「微光」とは、ほとんど見えない遠い小さな星の瞬《またた》き、あるいは港から夜出て行く船が遠く微かになっていくことなどについてよく使われる。

〈用法〉
「黒い鳥がたくさんいっぱいに列になってとまってじっと川の——を受けているのでした」宮沢賢治『銀河鉄道の夜』

余光《よ・こう》

もともとは、もう少しで燃え尽きそうな蝋燭の光をいった。また、日没後にまだ太陽が放っている光についてもいう。ここから、先人の遺業、名声などが、自分に影響を与えることにもたとえて使われる。この場合は、現在は「おかげ」あるいは「余徳《よとく》」などという類語で使われることが多い。また、「灯火を分け与える」という意味で、「他人に恩恵を施す」ということをいうのに「余光を分かつ」という言い方もある。

〈用法〉
「日没間近の——の中を、車が轟音を響かせながら走った」

暗がりの光

ほのかな光、
暗がりに差す一筋の光、
概念としての光。
明度の低い、抑えた光の表現に。

清暉《せい・き》

「清輝」とも。「清」という漢字は、「水」を表す「氵」に、「生」と「井」を付けて作られた文字である。「井戸」の淵に生えた新緑の若葉が「青」を表す。澄んだ水のように、また美しい若葉のように純粋無垢であることを意味するのが「清」である。月や日が純粋に輝く光を意味するのがこの「清暉（清輝）」ということば。

〈用法〉
「名月の――を肴に、彼は詩を吟じていた」

幽光《ゆう・こう》

「幽」の中に書かれる「幺」は「かすかで、ほとんど見えない糸くず」を表す。これは「幺」がふたつ、小さな箱の中に入っていることを表す。「幽」は、ぼんやりとして存在がよく分からないことを意味する。「幽光」は、光があまりに小さくてぼんやりしたかすかな光。また、ここから奥深い徳の輝きなどについても比喩的に使われる場合がある。

〈用法〉
「山間に昇った月は、ぼんやりとした霧のなかに――の光を放っていた」

後光《ご・こう》

もともとは、仏の身体から発せられるとされるオーラ、光をいう。仏像の背中にある、光を表すような放射線状の造形は、「光背《こうはい》」と呼ばれる。この部分がいわゆる「後光」である。ここから、偉い人、徳のある人から発せられる力という意味ももつ。

〈用法〉
「その夫婦ものの室の床《とこ》には――の射した阿弥陀様《あみださま》の軸がかけてあった」夏目漱石『行人』

妖光《よう・こう》

「妖」は、「ナヨナヨとして頼りないこと」を意味する漢字。「女」偏は、女性を表すのではなく「弱々しく頼りない状態」を意味する。「夭」は「ナヨナヨとして力がないこと」。転じて妖光は、「あやしい不気味な光」、「不吉な光」のことをいう。

〈用法〉
「えたいのしれぬ――がひらめき渡って、クラクラと眼まいを感じないではいられなかった」江戸川乱歩『人間豹』

燭光《しょっ・こう》

「燭」は、「蝋燭」などの熟語で使われるように、「ともしび」やその光をいう。もともとは「火」偏で書かれるように「火」による「あかり」をいったが、明治時代以降、電気による灯火に対しても使われる。

〈用法〉

「近代になって、人々は、夜でも、明るい――の下で勉強や仕事ができるようになった」

底光り《そこ・びかーり》

奥底に光を宿すこと。海底や洞窟、井戸など奥から光が照らされていること。ここから、人柄や才能、技芸などが磨かれて、非常に深みがあることについてもたとえて使う。

〈用法〉

「老人は、――のする目を怒らして一喝した」国木田独歩『初恋』

寂光《じゃっ・こう》

仏教用語。仏教の真理を明らかにする知恵の力をいう。とくに天台宗では、知恵の力によって照らされた場所という意味で「寂光《じゃっこう》浄土《じょうど》」などとも使われる。

〈用法〉

「さうして冬の暮から次第に私の心は閑雅な――の中におとなしく浸つてゆけるまでになつた」北原白秋『雀の卵』

光芒《こう・ぼう》

「芒」は、植物の「ススキ」を表す。「光芒」は、ススキのように長く尾を伸ばした光。すなわち彗星など、尾を引く光の筋を指す。

〈用法〉

「一月の太陽は、こんなところにも、霧のような美しい――を散らしていた」林芙美子『新版放浪記』

余映《よ・えい》

「余」は、旧字体では「餘」と書く。もともとは、おなかいっぱいに食べて、食べ残したもののこと。「余映」とは、太陽や月、あるいは大火事などの光が残っていることをいう。

〈用法〉

「いま長い黄昏が終り、夕陽の最後の――が金朱色にそれを染めあげる」久生十蘭『墓地展望亭』

太陽の異名

太陽そのものを表す、古称や雅名。
ことばから輝く炎や、語源となった国の神話、伝承が立ち上がる。

九陽　きゅう・よう

古代中国の神話によれば、太陽（陽）は十個あったという。だが、これでは日照りが続くというので羿《げい》という名の弓の達人が、九つの太陽を射落としたとされる。以来、見えなくなったとはいえ、九つの太陽は存在しているとして、とくに「熱い日」の太陽のことを「九陽」と呼ぶ。

〈用法〉
「朝から熱く、——が煎た大地には、草一本生えなかった」

飛輪　ひ・りん

東から昇って西に沈む太陽が、まるで空を飛んでいる輪のように見えることからこのように呼ぶ。

〈用法〉
「——の勢いは盛んで、真っ赤な大地を一日中照り付けていた」

紅焔　こう・えん

紅《くれない》（152ページ参照）の炎。また、太陽の彩層《さいそう》からコロナに立ち上る炎状のガス。「焔」は、「燄」とも書く場合があるが、1946年の当用漢字制定以来、どちらもほとんど公的文書には使われなくなり、現代では「炎」とされることが多い。「焔」は、火が吹き上がるように火柱を上げて燃えさかることを表す。

金烏玉兎　きん・う・ぎょく・と

「金烏《きんう》」は「太陽」、「玉《ぎょく》兎《と》」は「月」を表す。金色に光り輝く太陽には「烏《う》（鴉《カラス》）」が住むとされ、白く、玉（中国で宝石のように大事にされる貴石）のような月には「兎」が住んでいると考えられた。太陽は「金鴉《きんう》」とも。

〈用法〉
「——の足速く、一瞬のうちに月日は流れてしまう」

照る日　てーる・ひ

太陽が照り付ける一日のこと。曇のない日。また、照り輝く太陽に対してもいう。ここから、天下に君臨する皇帝や天皇などに対しても使われる。

〈用法〉
「奥山の岩垣　もみじ　散りぬべし　——の光みる時なくて」（山奥の岩垣紅葉が光浴びることなく散るように、わが身も栄光を浴びることなく世を去るだろう）藤原関雄『古今和歌集』

紅炎　ぐ・えん／こう・えん

紅《くれない》（152ページ参照）に盛んに燃える光のこと。火の炎に対しても使われるが、太陽についてもいう。太陽の場合は、とくに「プロミネンス」と呼ばれる太陽の彩層《さいそう》から出ている真っ赤な炎の気体を指す場合が多い。また、「プロミネンス」を「静態紅炎《せいたいこうえん》」と書くこともある。

火輪　か・りん

火が輪のような状態で燃えていること。ここから、「太陽」の異名として使われる。「日輪《にちりん》」ともいう。

〈用法〉
「たぐれば千尋の大蛇《おろち》が形、眼は――、炎のそびら、うろこをならし角をふりたて雲をまき上まきおろし」浄瑠璃・日本振袖始

幻日　げん・じつ

空気の結晶が太陽の光を反射・屈折させることにより、薄明《はくめい》色の太陽に似た光の像がぼんやりと表れる、幻に近い形の太陽のこと。

〈用法〉
「――とは知りながら、太陽が二つ見えることに驚いた」

天道　てん・どう／てん・とう

日本ではとくに「お天道《てんとう》様《さま》」と呼ぶことが多い。もともとは、天地自然を統べる道理のこと。太陽は、古代から東アジアでも天地を主宰する神として崇められていたため、転じて太陽のことを「天道」と呼ぶようになった。

〈用法〉
「久しぶりに、お――様を拝むことができて、晴々した」

夜明け

1日のうち、夜が明けて、明るくなってくる時間帯を表すことば。

つとめて

もともとは、前夜に何か行事等があり、それが引き続いて迎える早朝のことをいった。すでに『枕草子』の時点では、単に「朝早く」との意味で使ってある。漢字では「夙めて」と書く。

〈用法〉
「――、少し寝過ぐし給《たま》ひて、日、さし出づる程に、いで給ふ朝明《あさけ》の姿は、げに人のめできこえむも、ことわりなる御さまなりけり」(翌朝、少し寝過ごされて、日が差し昇るころに出てゆかれる。朝帰りのお姿はまことに世間が褒めちぎるのも当然のお美しさであった)『源氏物語』

東雲《しののめ》

夜明けのことをいう。東の雲は明け方の太陽の光を受けるので、東の空に次第に明るさが映るため。もともとは「東の空にたなびく雲」をいった。古代の日本では、男が女性のところに通う「通い婚」が行われていたので、「しののめの道」、「しののめの別れ」など、相愛の男女の別れを詠む言葉として使われた。「東雲」の方が「曙《あけぼの》」より、やや暗い時間を表す。

朝まだき《あさ-まだき》

「まだき」は、「まだ来ていまい」という意味で「その時間にはまだ早い」ということを表す。つまり、朝にはまだ早い明け方という意味。

〈用法〉
「―― おきてぞ見つる 梅の花夜のまの風の後めたさに」(朝早く起きて梅の花を見た、夜の間に風が花を散らさなかったかと心配になって)元良親王『拾遺和歌集』

暁光《ぎょう・こう》

夜明けの空の光。「あけぼの」、「曙光《しょこう》」、「晨光《しんこう》」(ともに55ページ参照)、「暁紅《ぎょうこう》」ともいう。

〈用法〉
「――があまりにも美しいと、夕方にはひどい夕立が来るといわれていた」

初明かり《はつ・あ-かり》

お正月元旦の明け方の太陽の光のこと。江戸時代の歳時記のひとつである『俳諧四季部類』(一七八〇年刊行)などから使われる。

〈用法〉
「正月の――を皆で拝もうと、江戸時代には深川の洲崎辺りは参拝客でいっぱいだったという」

白白明け《しら・じら・あ-け》

夜が空けかけて、辺りが明るくなっていくころのこと。「白」は、「白色《ホワイト》」ではなく「黒」が「透明」な空色になっていくことを指す。夜の暗さが透明になり、次第に明るくなってくる様子から。闇を払うということから漢字で「払暁《ふつぎょう》」と書かれることもある。

晨光《しん・こう》

「晨影《しんえい》」とも。いずれも「朝の美しい光」という意味で使われる。「晨」は「日」と「辰」を合わせて作った漢字で、「辰」は古代中国で「春」に現れる星である。この星が現れて光り始めると、農耕を始める季節とされた。

黎明《れい・めい》

暗黒の夜が明け始めること。またそのことから新しい時代、新しい文学や芸術運動が始まることなどにもたとえていう。「黎」という漢字は、もともと「黒色」、「天がまだ暗いこと」「そのころ、ころおい」を意味する。

時明かり《とき・あ-かり》

夜明け近く、東の空が明るくなっていくときの光。ここから、化粧などで見映えがするように、少しずつ美しくなることにも比喩的に使われることがある。

〈用法〉

「又急に——が射して眩いほど晃いては、次第に淡く衰へる」
尾崎紅葉『多情多恨』

旭光《きょっ・こう》

朝日の光をいう。「旭暉《きょっき》」ともいう。旧日本海軍では一六条の旭光をデザインした「旭日旗」を用いた。

〈用法〉

「水平線に昇る——を左手に観ながら、船は港に到着した」

曙光《しょ・こう》

「曙」は「暁」とほとんど意味が同じで「東の空が明るくなること」を意味する。ただ「曙」は、夜がほのぼのと明け始めるころをいい、「暁」はその直前、急に空が明るくなるときの瞬間をいう。

白昼

明るく輝く昼間の太陽を指すことば。
明るさだけでなく、
日が出ている間の暑さなどの体感や、
輝くものを表す比喩にも使える。

紅鏡

こう・きょう

「紅《くれない》色に燃える太陽」という意味。「紅」は赤よりもっと深い「くれない」で、太陽が真っ赤に燃えていることを表す。古代の鏡は、青銅や銀で作られていて、丸いものだった。

烈日

れつ・じつ

はげしく太陽が照り付けること。「秋《しゅう》霜《そう》烈《れつ》日《じつ》」という熟語がある。秋の霜は冷たく、夏の太陽は激しく暑い。ここから環境が苦しいこと、また刑罰などが厳しいことについてもいう。

〈用法〉
「連日の――で、水田の水は涸れ、今年の米の収穫は厳しい」

日向

ひ・なた

「ひなた」と読み、「な」は「の」の意味、また「た」は「そのあたり」、「このあたり」という意味。比喩的に、人の目に付くところ、居心地のよいところ、物事が具合よく運んでいる場合にも使う。

〈用法〉
「――の縁側に寝そべって、うとうとした」

炎旱
えん・かん

日照りが強く、非常に暑いこと。炎暑《えんしょ》による旱魃《かんばつ》のこと。

日中
にっ・ちゅう

太陽が出ている間という意味で、昼間。また「日の出」から「日没」までの間。

〈用法〉
「吸血鬼は——はまったく外に出ることができない」

天つ日
あま-つ-ひ

天の日。転じて、「太陽」のこと。「天つ」の「つ」は、「の」を意味する古代語の格助詞。転じて「空の」という意味で、「天つ風」、「天つ雁《かり》」、「天つ御空《みそら》」などということばで使われる。日光を指して「天つ日影」ともいう。

〈用法〉
「——のひかりは清く照らす世に人の心のなどか曇れる（お日様が照らす光があるのに、なぜ我々の心は曇《くも》ることがあるのだろう）」後伏見院『玉葉和歌集』

日の目
ひ-の-め

「太陽光」のこと、また比喩的に「日の目を見る」というい方で、ようやく努力が認められるという意味でも使われる。

〈用法〉
「何十年もの努力の甲斐があって、——を見ることができた」

白日
はく・じつ

白く照り輝く太陽のこと。「白日光《はくじつこう》」は、輝く陽《ひ》の光。「白日青天《はくじつせいてん》」は、晴れ渡った青空に太陽が光輝いていることをいう。「しろび」というと、「黒日《くろび》」に対して、縁起のよい日という意味になる。

〈用法〉
「——の中に、満開の桜が咲き誇っている」

赤日
せき・じつ

「赤い太陽」を意味する。日本では真っ赤な太陽を見ることはあまりないが、旧満洲（現在の中国大陸東北部）の大地に沈む太陽は、真っ赤に見えたといわれている。

日暈
にち・うん／ひ・がさ

太陽の周りにできる、ちょっと赤みがかった白い色の光の輪。巻層雲《けんそううん》の氷片に光が反射して起こる現象といわれる。

陽光
よう・こう

太陽の光、日光のこと。「陽」は、太陽が高く上がることを表す漢字。

〈用法〉
「——輝く石庭を見ながら座禅を組む」

夕刻

太陽が徐々に西に沈むころ、暮れてゆく時間の表現。哀愁や、物事の終わりを表すことばとしても。

黄昏時《たそがれ・どき》

「黄昏」は「おうこん」「こうこん」とも。夕方、太陽が暮れかかり、薄暗くて、人の顔が見分けられないという意味の「誰《た》そ彼《かれ》」が和語の語源とされる。また、「黄昏顔《たそがれがお》」は「たそがれ時の物思わしげな顔」で、人を恋しく思う表情のこと。平安時代には『うつほ物語』に「たそかれどき」の用例が現れた。『源氏物語』では夕顔への返歌に時間帯を指す言葉として登場する。

〈用法〉
「寄りてこそ それかとも見め たそかれに ほのぼの見つる 夕顔の花」（近寄ってみないと誰かわからない。夕暮れに、ぼんやりと見た花が夕顔であるかどうかは）紫式部『源氏物語』

雀色時《すずめ・いろ・どき》

赤褐色、茶褐色の雀の羽のように、夕陽で空が赤くなる時間をいう。坪内逍遥『内地雑居未来之夢』では「今しも黄昏の時刻《すずめいろどき》となりて」と、「黄昏」を「スズメイロ」と読んだ例もある。宮城県仙台市、山形県米沢市などでは、最近まで夕方、夕暮れ、黄昏時のことを、「スズメイロドキ」という方言が使われていた。

火点し頃《ひ・とも-し-ごろ》

家に火を灯す夕方、時刻のことをいう。

〈用法〉
「その街に着いたときには、すでに——になっていた」

暮合《くれ・あい》

「暮相」とも。まさに太陽が沈もうとしているころのことをいう。「合」「相」という漢字が使われるのは、太陽が山や海など、沈むべきところにちょうど収まるように合わさっていくため、美しい日没の情景などについても使われる。また日没のとき、寺で勤行の合図としてつく鐘のことを「暮れ相いの鐘」という。

〈用法〉
「——ではあるし、亡くなった姉さんの幽霊かと思った」泉鏡花『化銀杏』

逢魔が時《おう・ま-が-とき》

前漢王朝を倒し、新王朝を創った「王莽《おうもう》の時《とき》」をもじってできたことば。「おうまんがとき」とも。夕刻、黄昏によくないことが起こる時間のことをいう。「魔に逢う時」という意味で、平安時代には、逢魔が時になると妖怪や魔物が動き始め、夜が深まると百鬼夜行と呼ばれる魔物たちの行進が始まるとされ、百鬼夜行に遭遇すると死んでしまうため貴族たちは外出を控えたという。また「大禍時」「大魔時」などと書くこともある。このような場合は、思ってもいなかったよくないことが、襲いかかるようなときに使う。

暮れ泥む《くれ・なずむ》

太陽が沈もうとして、沈めないように、夕方の時間が止まったように長いこと。「なずむ」とは、人や車などが、進もうとしても妨げるものがあって、なかなか先に進めないで困っていることをいう。また、転じて、しようとしていることが思い通りにいかないという意味。

夕闇《ゆう・やみ》

「闇」という漢字は、門を閉ざして外部から入ってくる音や光を遮《さえぎ》ってしまうことを表す。「夕闇」は、太陽が沈んで、まだ月も昇らないことをいう。また、陰暦、月末から翌月の初めまでは月の出が遅くなり、太陽が沈んでも月光を感じなくなる日が続く。この時間をとくに「夕闇」と呼ぶこともある。

〈用法〉

「月出れば出ゐつつ歎思へり。――には、物思はぬけしき也」(月が出れば嘆き悲しんでいる。月のない夕刻には、物思いに沈んでいないようだ)『竹取物語』

晩景《ばん・けい》

夕日。夕景色。夕陽が人や物の影を長くする。そこから「夕方」を表す。

夕暮れの光

夕暮れ時の明るさや、日暮れ時を指すことば。

残紅
ざん・こう

もともとは、散り残っている赤い花のことをいう。この場合は「残花《ざんか》」とも。「紅」には「太陽」の意味があることから、山や海などに沈んだ太陽の赤い残光についても使われる。

〈用法〉
「——が西の海に溶け、多くの小島はまるで船影にも見える」

夕映え
ゆう・ばーえ

夕方、あたりが薄暗くなってから、ものの色や形が美しくくっきりと見えること。

紅霞
こう・か

夕方、紅色に掛かる霞《かすみ》のこと。また、夕陽で赤く染まった雲や赤い夕焼けをいう。

〈用法〉
「江戸は——に埋もれた」

残陽
ざん・よう

沈もうとしている太陽をいう。「入り日」、「夕日」とも。

〈用法〉
「太陽は傾き、——は頭上を赤く照らした」

落日
らく・じつ

沈もうとしている太陽をいう。このことからそれまで勢力のあったものが、急に勢いを失って衰えることにも使われる。

〈用法〉
「——に向かって大声で叫ぶ少年を見かけた」
「会社の執行部は、すでに業界全体の——を予見していた」

日没
にち・ぼつ

日が沈むこと。古い読み方では「じつぼつ」、「にちもつ」とも。とくに、太陽が水平線や地平線に沈むことをいう。

落照
らく・しょう

太陽が沈むときに現れる光。「入相《いりあい》」の時刻に見える太陽の光。

落陽
らく・よう

太陽が落ちること。夕陽が沈むこと。「落日」、「夕日」とも。

夕景
せっ・けい／ゆう・けい

「ゆうけい」とも。夕方の日影。夕方の景色、また夕方の太陽。夕方の眺め。夕景《ゆうげ》色《しき》ともいう。

夕明かり
ゆう・あーかり

日が沈んだ後にほのかに残っている太陽の光。夕暮れの明かり。

〈用法〉
「花は手を離れたと思うと、たちまち——に消えてしまった」芥川龍之介『神神の微笑』

夕影

ゆう・かげ

夕方の太陽、夕暮れ時の日の光。反対語は「朝影《あさかげ》」。また、夕陽に照らされたものの姿や、夕陽の中に見えるもの。「夕影草《ゆうかげぐさ》」は、夕方、物陰に見える草のことを指す。同じく「夕影山《ゆうかげやま》」と、夕陽に照らされて見える山を指すことばもある。

〈用法〉
「吾が屋戸の秋の萩咲く――に今も見てしか妹が姿を」（我が家の庭に秋の萩が咲く、夕日の美しい光の中で、今妹の姿を見たい）大伴田村大嬢『万葉集』

斜陽

しゃ・よう

西に傾いた太陽、夕方、斜めに射す陽の光をいう。「斜日」とも。また傾くことから、新興のものに圧されて、古いものが没落《ぼつらく》するさまにも使われる。

夜の輝き

暗闇のなかにきらりと光る、夜の明るさや光の表現。ほの明るさを感じる闇の、微妙な雰囲気を演出できる。

夜光

や・こう／よ・びかり

「やこう」は、夜、また暗いところで、発光すること。「よびかり」と読むと、稲妻のこと、また夜になって活動する性質を持つ人のこととなる。

白夜

はく・や／びゃく・や

明るい夜。夜中でも、夕暮れのように薄明るいこと。とくに高い緯度のところで、深夜でも地平線に太陽が沈みきれず、薄明るい夜のこと。

薄闇

うす・やみ

視界がうっすらと闇に包まれて、ものの色や形がぼんやりとしかわからないことをいう。

〈用法〉
「そこともわかぬ森かげの鬱憂《めらんこりあ》の——に」北原白秋『邪宗門』

宵

よい

日が暮れて間もない、夕方から夜のはじめごろの時間。

明離

あけ・はなれる／あけ・はなる

「明け放る」とも書く。夜がようやく明けかかってい るころの空をいう。

細波

さざ・なみ

枕詞で、夜の海の暗さをいう。夜の闇をたとえた言い方。

呉竹

くれ・たけ

枕詞として使われる。もともと「夜の竹藪の暗さ」という意味であるが、墨の色の濃淡に似た夜の暗さや深さをいう。

月の異名

さまざまなモチーフにたとえられる月。
神話や伝承が語源となっている呼び名も多い。

月の船

つき－の・ふね

月にあるという桂《かつら》の木で作った船、また同じく月の桂で作った櫂《かい》（舟のオール）のこと。櫂《かい》のことは「桂《かつら》梶《かじ》」とも呼ばれる。月のことを、上品にたとえていうことば。

〈用法〉
「夜遊びにかこつけて出るや――」
宗宅『俳諧・玉海集』

偃月

えん・げつ

上弦の月、下弦の月、弓張り月、半月などの呼び方もされるが、いずれもレモン型ではないもの。「偃月《えんげつ》」の「偃」は、「横に寝転ぶ」という意味なので、本来は下の部分が丸くなっている下弦の月のことをいう。また、中国古代の骨相術《こっそうじゅつ》では、女性の額に偃月《えんげつ》の相《そう》があると高貴であるという。

真澄鏡

ま・す・かがみ／ま・そ・かがみ／ま・そみ・かがみ

とてもきれいに澄んでいる鏡。月は、空に浮かぶ、丸く輝く美しい鏡だと考えられた。また、人の心を映し、自分の想いを、好きな人にそのまま反射して伝えてくれる鏡のようなものであるとも信じられていた。

〈用法〉
「空に浮かんだ――が、私の想いを伝えてくれるようにと願った」

氷輪

ひょう・りん

氷ったような、冷たく白く光る月のこと。太陽が熱く感じられるのに対して、月は冷たいものと考えられていた。満月が氷のように丸い輪の形をしていることから。

〈用法〉
「銀河影きえぎえに、――我のみを照して淋しきに」『雨月物語』

桂男

かつら・お／かつら・おとこ／かつら・おのこ

中国神話に基づく呼び名。月には五百丈（一丈＝三・〇三m）の高さの桂の木が植わっていて、容姿の美しい仙人・呉剛《ごごう》が犯した罪を滅ぼすために、この桂の木を斧で切りつけている。しかし、切るとその切り口はすぐに元に戻るとされる。「桂男《かつらお》」は「桂《かつら》の人」とも呼ばれる。とくに、このことばは「美男子」を意味することばとして使われる。

〈用法〉
「噂に聞いていた――に会った時には、胸の高鳴りを隠しきれなかった」

月の桂

つき－の・かつら

「月桂《げっけい》」とも。月に生えている桂《かつら》の木。ここから、月影や月光を言う。「月桂樹《げっけいじゅ》」は、楠木《くすのき》の一種で、ローレルとも呼ばれる。古代ギリシャでは、このローレルの枝を折って冠《かんむり》を作った。これを「月桂冠《げっけいかん》」と呼ぶ。

銀鉤

ぎん・こう

新月をたとえていう言葉。細い鉤針《かぎばり》のような月が空に掛かっていること。また、書の筆法で、巧みに細い線で書かれたもの。また銀製の簾《すだれ》のこと。

〈用法〉

「冬の寒空に、——が虚しく掛かっている」

月夜見

つく・よ・み

月の神様のこと。「月読み」とも書く。『古事記』、『日本書紀』で伊邪那岐命《いざなぎのみこと》によって生み出されたとされる。『日本書紀』では、豊穣の神とされる。男性の神で、月を神格化して「月夜《つくよ》見男《みおとこ》」、「月読男《つくよみおとこ》」などと呼ぶことばとしても使われる。

月の剣

つき－の・けん／つき－の・つるぎ

三日月のこと。形が刀剣に似ていることから、このように言う。俳句などでは、とくに秋の三日月についてのみ使われる。

玉兎

ぎょく・と

「玉《ぎょく》」は、中国の貴石で、人の魂が宿るものと信じられていた。丸い玉は「完《かん》璧《ぺき》」などと呼ばれる。古代中国では、月に兎《うさぎ》と蝦蟇《がま》が住んでいて、月が日々翳《かげ》るのは、蝦蟇《がま》が月を食べるからだと信じられていた。日本で、蝦蟇《がま》が住んでいるといわれなくなったのは平安時代になってからのことだ。

月の表情

あらゆる情景に
浮かび上がる、月の表現。
人々は、それぞれの月を
多種多様に呼んだ。

月虹
げっ・こう

月の光で見える、薄い色の虹。太陽の虹のように綺麗に見えることはほとんどない。

〈用法〉
「夜、雨が上がったと思ったら、ほのかに西の空に——が掛かっていた」

海月
かい・げつ

海の上の空に見える月。海を照らす月。海から出る月。海に漂う月の光。また、クラゲは透明で海の月のように見えることから、クラゲのことを漢字で「海月」と書く。

鏡花水月
きょう・か・すい・げつ

鏡に映った花、水に映った月。このようなものは、目には見えるが、実際には手に取ることができない。直接そのものを説明しないで、鮮明にそのものの姿や状態を思い浮かばせるような文学的方法を「鏡花水月《きょうかすいげつ》法《ほう》」と呼ぶ。

月露
げつ・ろ

月と露《つゆ》のこと。また露《つゆ》に映った月の影のこと。さらに美しい自然の情景をいう。ただ、「風雲月露《ふううんげつろ》」ということばがあり、これは、無駄な修辞法で飾った中身のない文章のことをたとえていうことば。

霽月
せい・げつ

雨が晴れた後に、きれいに見える美しい月。ここから、わだかまりのない、さっぱりした心境をいうことばとしても使われる。この場合の使い方には「光風霽月《こうふうせいげつ》」（さっぱりと清らかな人、または、よくまとまった世のたとえ）という四字熟語もある。

幻月
げん・げつ

幻のように、ほんものの月の横に見える月。月に掛かった氷晶が暈《かさ》になってぼんやり並んで、月が見えるようなものについていう。

生光
せい・こう

皆既日食《かいきにっしょく》、皆既月食《かいきげっしょく》、いずれの場合にも使われる。皆既現象《かいきげんしょう》が終わったと同時に、光り出す瞬間に見える光のこと。「第三接触《だいさんせっしょく》」という表現も使われる。

月気
げっ・き

月が放つ光のこと。とくに寒い冬に、耿耿《こうこう》と照らす月の光をいうことが多い。

〈用法〉
「夜が更け、冷々とした——が、氷った池に映っている」

月冴ゆる
つき・さ-ゆる

月が白く輝いて、美しいこと。「冴」という漢字の「ニスイ」の部分は「氷」を表し、「牙」は獣の犬歯などが、鋭く輝くことを表す。月の色が、氷や犬歯のように白く輝いていることをいう。

盈月
えい・げつ

「盈」は、盃《さかずき》になみなみとお酒が満ちていることを表す。盃《さかずき》が満ちるように、月が満ちていることをいう。

多彩な月光

月の光や、その状態にまつわることば。月が季節や人物、状況を代弁する描写となることも。

淡月　たん・げつ

光がぼんやりとやさしい色の月をいう。「淡」は「澹」とも書かれるが、これは静かで安定していて、ほのかであることを意味する。俳句などでは、春の季語として使われる。「淡い月」とも。

〈用法〉
「桜が満開の山の端に――が昇っていた」

煙月　えん・げつ

「烟月」とも書く。煙ったようにぼんやりと霞《かす》んで見える月。春の朧月《おぼろづき》などをたとえていう。

青月　せい・げつ

青白く光る月のこと。「青月」の「青」は、「清」と同じで、「氵」があってもなくても同じ。清らかで、青く澄んだ月のことをいう。また「青月」、「清月」は、いずれも陰暦八月の異称としても使われる。

孤月　こ・げつ

「孤」は、「孤独」で寂しくひとりぼっちでいること、またそのような様子であること。「孤月」は、別の表現として「一片《いっぺん》の月」といわれることもある。唐の詩人、李白《りはく》の『子夜呉歌《しやごか》』に次のように歌われる。

長安　一片《いっぺん》の月
萬戸《ばんこ》　衣《い》を擣《う》つの聲《こえ》
秋風《しゅうふう》　吹いて盡《つ》きず
総《すべ》て是《こ》れ　玉関《ぎょっかん》の情《じょう》
何《いず》れの日か　胡虜《こりょ》を平《たいら》げて
良人《りょうじん》　遠征《えんせい》を罷《や》めん

（訳）長安の夜空には、ぽつんと一つの月がかかっており、あちこちの家々から砧《きぬた》を打つ音が聞こえてくる。また秋風は絶えまなく吹き続け、さらにこれらは（月光・砧《きぬた》の音・秋の風）すべて玉《ぎょく》門関《もんかん》に遠征している夫を思い慕う情をかきたてる。いったい、いつになったら夫は異民族を平定して、遠い戦地から帰ってくるのであろうか。

　とくに「孤月」は、秋の夜の表現に使われる。

満ち欠け

一ヶ月で、目まぐるしく形を変える月。満月や半月、三日月など、満ち欠けや季節で呼び名が移り変わる。

朔望
さく・ぼう

「月の満ち欠け」のことをいう。「朔日《さくじつ》」と「望日《ぼうじつ》」ということばをふたつ合わせて「朔望」という。「朔日」は、陰暦で月の第一日目で月の姿がまったく見えない新月の日のこと。「望日」は「朔日」から十五日で「満月」の日。

上弦 下弦
じょう・げん か・げん

「弦《げん》」は、弓の「つる」の部分。「弦」の「玄」は「糸」を意味する。「弦《げん》」の部分が、上になっている場合は「上弦の月」、反対なら「下弦の月」という。フランス語の「クロワッサン」は、「上弦の月」という意味。「下弦の月」は「デクロワッサン」という。

〈用法〉
「満潮の時を迎えた波止場には、猫の爪のような――の月が掛かっていた」

立待月
たち・まち・づき

陰暦八月十六日の夜は、逡巡するようにゆっくり昇るのに対して、十七日の月は「立って待っている」間に、するすると昇っていくように見えるのでこのように呼ぶ。

〈用法〉
「江戸時代は、――には必ず臣下が大名や将軍、朝廷に挨拶をしにいくことになっていた」

寝待月
ね・まち・づき

陰暦八月十九日の月は、寝て待っていないと昇って来ないように感じられるので「寝待月《ねまちづき》」、あるいは「ふとんの中に臥《ふ》せて寝て待つ」から「臥待月《ふしまちづき》（75ページ参照）」という。

弓張り
ゆみ・はーり

弓に弦を張った形に見える上弦、また下弦の月。「弓《ゆみ》張月《はりづき》」、「弓張月夜《ゆみはりづきよ》」ともいう。

〈用法〉
「――が雲間から、我々を照らしている」

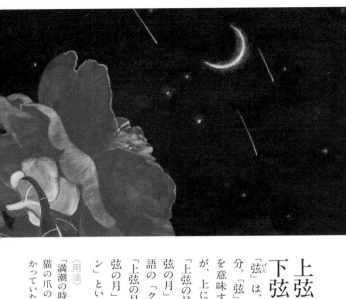

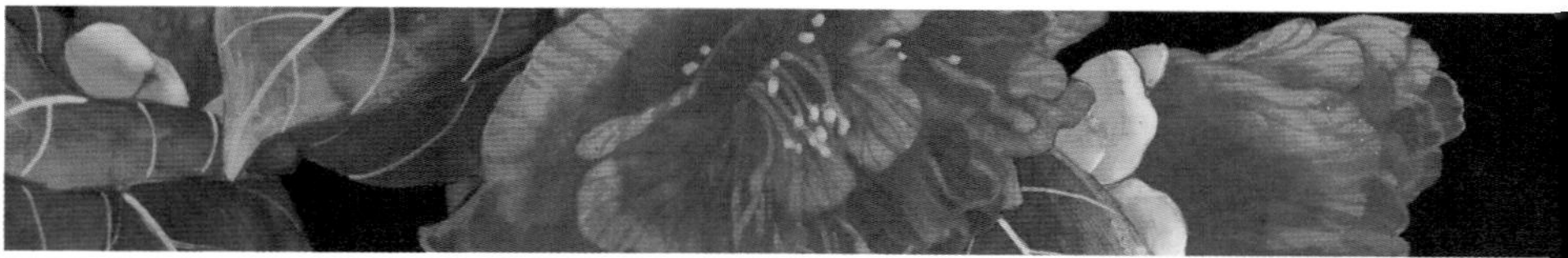

天満月

あま・みつ・つき

満月のこと。謡曲『海人《あま》』に「天満つ月も、満ち潮の、海松布《みるめ》をいざや、刈ろうよ」とある。夜空に美しく輝く満月で、秋のことばとして使われることが多い。

望月

もち・づき／ぼう・げつ

陰暦八月十五夜の満月のこと。また、「既望《きぼう》（同ページ参照）」は、「十五夜」の次の日に出る「十六夜」のことを指す。「望」は、「月」の字が書かれるように「月」が「満ちる」ことについてもいう。もともとは、「遠くて見難いものを見ようとすること」、「まだかまだかと得難いものを求めようとすること」ことを表す漢字。

眉月

び・げつ／まゆづき

新月、つまり月初めのころに見える月のこと。女性の美しい眉のような形の細い月をいう。三日月とも。

〈用法〉

「――が掛かった暗い夜道を歩いている」

片割月

かた・われ・づき

半分、あるいはそれ以上に欠けて見えなくなった月。「旁《かたわ》ら月」といっていたのが、「片割《かたわれ》」と書かれるようになったとも、片側だけが晴れて見えるからこのように書かれるようになったともいわれる。

〈用法〉

「逢ふ事は――の雲隠れおぼろげにやは人の恋しき」『拾遺和歌集』

降り月

くだ－り・づき

日を過ぎるごとに月が次第に欠けていくことをいう。だいたい陰暦八月十八日から陰暦二十一日か二十二日までのことをいう。これに対して、十五夜に向かってだんだんと膨らんでくる月を「上り（昇り）月」と呼ぶ。

十六夜の月

いざよい－の・つき

「十六夜」と書いて、和語では「いざよい」という。「猶予」と書いて「いざよい」とも呼ぶ。もともと、ためらってぐずぐずすること。陰暦八月十六日の月は、山の端を出ようとして、戸惑うようになかなか出てこようとしないから、このようにいう。

小望月

こ・もち・づき

秋の季語として使われる。陰暦八月十四日の夜の月。あと一日で「望月《もちづき》」、満月になるので「小さな望月」という意味で使われる。江戸時代初期は、「こもち」を「子持ち」と掛けて、その日は自分の家に、子どもたちを呼ばないなどということもあった。

既望

き・ぼう

陰暦八月十六日の月をいう。「既」は、「すでに」という意味を表す。前日の十五日にすでに満月になっているにも関わらず、十六日目の月も満月と変わらず満ちたままの姿でいることから、このようにいう。

四季の月

春夏秋冬の月は、季節の情景を象徴する。季語として詠まれることも多い。

春

朧月《おぼろ・づき》

春に、霧《きり》や霞《かすみ》などで、ぼんやりと靄《もや》が掛かったように見える月をいう。「朧《おぼろ》」は、もともと大きく霞《かす》んで姿が見えない「龍」を表す。和語では「おぼろづき」。

〈用法〉
「瀟湘《しょうしょう》の鴈《がん》のなみだや——」与謝蕪村『俳諧・蕪村句集』

夏

月涼し《つき・すず-し》

俳句では、夏の季語として使われる。月が涼しげに見えるから。「涼」という漢字は、「氵」に「京」と書かれるが、「京」は高い建物で風通しがよいこと。これに「氵」が付いて、水がひんやりとしていることを意味する。

〈用法〉
「——四方の水田のうた蛙」杉田久女『杉田久女句集』

夏の霜《なつ-の・しも》

月光が真っ白く、地上を照らしていること。「夜の霜《しも》」ともいう。李白《りはく》の詩『静夜思《せいやし》』に次のように記される。

牀前《しょうぜん》月光を看《み》る
疑うらくは是《これ》地上の霜《しも》かと
頭を挙げて山月を望み
頭を低れて故郷を思う

(訳) 静かな夜、ふと寝台の前の床にそそぐ月の光を見ると、その白い輝きは、まるで地上におりた霜ではないのかと思ったほどであった。

そして、頭《こうべ》を挙げて山の端にある月を見て、その光であったと知り、眺めているうちに遥か彼方の故郷のことを思い、知らず知らず頭をうなだれ、しみじみと感慨《かんがい》にふけるのである。

秋

無月《む・げつ》

月が無いこと。とくに陰暦八月十五日の夜、曇《くもり》や雨などで、満月（中秋の名月）が姿を見せないことをいう。俳句では季語として「秋」を表すことばとして使われる。

〈用法〉
「台風が来ているそうで、今年は——のお団子となりそうだ」

佳宵《か・しょう》

「佳」は「美しいこと」、「宵」は夜の闇をいう。月が美しい夜をいうが、とくに陰暦八月十五日の名月の夜に使われる。

涼月《りょう・げつ》

涼しさを感じさせる月。陰暦七月の月を漢語で涼月、和語では「ふづき」と呼ぶ。俳句では秋を表すことばとして使われる。

素月《そ・げつ》

「素」は、もともとできたばかりの絹糸の美しい白さをいう。「素月」は、その絹糸のように白く美しい光の月のこと。とくに陰暦八月十五日の名月をいう。

最中の月《も・なか-の・つき》

「最中《もなか》」は物事がもっとも盛んであることを表すことば。陰暦八月十五日の満月は、月がもっとも美しく照り輝いているので、このように呼ぶ。また、和菓子の「最中」は、現在では四角いものなどあるが、もともと十五夜の月、「最中の月」に形を似せて作ったもの。

〈用法〉
「白あんの最中は菊の型押し、——と菊を見ながら、いただきます」

有明の月《あり・あけ-の・つき》

夜が明けているにもかかわらず、夜明けの空に残っている月。「名残《なごり》の月」ともいう。とくに陰暦九月十三日の夜の月。前の月の十五夜の名月に対して、その年の最後の月見とすることから「後《のち》の名月《めいげつ》」とも呼ぶ。

空の鏡《そら-の・かがみ》

秋の名月をたとえていったことば。江戸時代までの鏡は、銅を磨いて造られるまん丸いものが主流だった。そのため、円形の輝く鏡が空に掛かったようだといって、陰暦八月十五日の「中秋の名月」を、このようにたとえた。

栗名月《くり・めい・げつ》

陰暦九月十三日の夜の月をいう。この月見のときに、栗を供えるから。また地方によっては「豆」を備えたり、「芋」を供えるところもあり、その場合は「豆名月《まめめいげつ》」、「芋名月《いもめいげつ》」と呼んだりもする。

冬

寒月《かん・げつ》

冬、寒い夜に、冷たく冴えわたるように光る月をいう。杜甫《とほ》の「北征詩《ほくせいし》」に、「夜深く、戦場を経ふに、寒月、白骨を照らす」とある。

名を変える月

暦や時間帯を月で表すことば。とりわけ夜空が澄み渡る、明け方のことばの表現が豊か。

暁月夜

あかつき・づき・よ
あかつき・づく・よ

「暁《あかつき》」は、古くは、夜半過ぎから夜明け近くまでのまだ暗い時刻のこと。現代では、明け方のやや明るくなった時分をいう。この時刻に月がまだ空に残っていること。「有明《ありあけ》の月」という場合もある。

名残の月

なごりーの・つき

朝になってもまだ空に残っている月。

残月

ざん・げつ

明け方まで空に残っている月。「有明《ありあけ》の月」とも。また、同題を冠す地唄《じうた》・箏《そう》曲《きょく》のこと。手法の妙をつくした手事《てごと》があり、生田流の地唄・箏曲中の名曲とされる。天明・寛政（一七八一～一八〇一）ごろ、大坂の峰崎勾当《こうとう》作曲。門人《もんじん》の娘の死を惜しんで作ったもので、曲名は故人の法名。

宵月夜

よい・づき・よ

日が暮れて、間もなく出ている月が見える夜のこと。

夕月

ゆう・づき

夕方の空に見える月。秋、東の空に昇る月のこと。また夕方、西の空に浮かんでいる月についても使う。室町時代の辞書『節用集』には「太白月」と書いて、「ゆうづき」と呼んだとも記されている。

月代

つき・しろ

月のこと。「月代」と書く。「代」は「場所」を表し、「月の神様の依り代」という意味であるとされる。また「月白」とも書き、夜半の月が白いことを表す。

朝行く月

あさ・ゆーく・つき

朝になってやっと西に沈む月。朝まで残っている月。「残月《ざんげつ》（→同ページ参照）」とも。

繊月

せん・げつ

繊維（布を織る糸）のように細い月。三日月よりもっと細い月。上弦下弦（70ページ参照）どちらの月についてもいう。

夕月夜

ゆう・づく・よ

月がかかっている夕方の空のこと。

白夜月《はく・や・づき》

昼間に出ている月のこと。

臥待月《ふし・まち・づき》

布団に入るなどして、遅い月の出を待つこと。また、陰暦八月十九日の月をとくにこのように呼ぶ。

星の異名

夜空に光る、
星の和名。
中国の故事が由来となって
いる呼び名もある。

六連星

む・つら・ぼし

おうし座にあるプレアデスの和名。肉眼で六つ見えるので「六連星」と呼ばれる。すべての星をこの六つの星が統括しているといわれ、「統《す》ばる星」と呼ばれ、「昴《すばる》」とも書かれる。王者の象徴であり、農耕の星として信仰された。

太白

たい・はく

「金星」のこと、白く明るいので、中国の五行説《ごぎょうせつ》では「金」の要素であるとされた。唐の詩人・李白《りはく》の字《あざな》「太白《たいはく》」は、彼の母親が「太白（金星）」を見て懐妊したので、それにちなんで名付けられたといわれる。

熒惑

けい・こく

「火星」のこと。赤い色をしていて、「熒」は、燃えさかる火を表す。「惑」は漢字の漢音読みで「まどわすこと」を表す。光の変化が激しく、順行《じゅんこう》、逆行が甚《はなは》だしく起こって見えるので、古くから火星の接近は、災いの前兆だといわれた。

鎮星

ちん・せい

土星のこと、また「填星《てんせい》」ともいう。古代中国では、神話上の天子である黄帝の姿とされた。「鎮」は、天地人の世界のすべてを治める力を持っていることを表す。また「填」は、過不足なく、すべてを充填、充満させることができる力を表す。

歳星《さい・せい》

木星のこと。古代中国では、黄道の位置によってその年の名前を決めることになっていたので、「年の名前を決める星」という意味で木星のことを「歳星」と呼んだ。

辰星《しん・せい》

蠍座のアルファ星アンタレスのこと。「あかぼし」、「ほうねんぼし」などとも呼ばれた。現在の「水星」のことを表し、「辰星《しんせい》」と呼ばれるのは、太陽の周りを目まぐるしく動くので「水」の要素であると考えられた。

柄杓星《ひ・しゃく・ぼし》

北斗七星のこと。北の空に、水を汲むための柄杓《ひしゃく》の形に並んでいることから。七曜《しちよう》星《せい》。七つ星。四三《しそう》の星《ほし》とも呼ばれる。

布良星《め・ら・ぼし》

「布良《めら》」は「米良」、「妻良」とも書かれる。りゅうこつ座アルファ星。全天で太陽を除くと、シリウスに次いでもっとも明るい星。中国では「南極《なんきょく》老人星《ろうじんせい》」と呼ばれる。真南の低いところに見える。

斗掻星《と・かき・ぼし》

「斗掻」は「奎」とも書かれる。穀類を枡《ます》で検査する際に、枡目《ますめ》を正確にするために、枡《ます》をならす小さな棒のこと。二十八宿のうち、アンドロメダ座の近くにある星宿《せいしゅく》がこの形に似ていることから。

夫婦星《め・おと・ぼし》

七夕の節句のときに語られる「牽牛《けんぎゅう》と織女《しょくじょ》」のふたつの星のこと。「織女星《しょくじょせい》」は、こと座でもっとも明るい恒《こう》星《せい》であるベガ。「牽牛星《けんぎゅうせい》」は、わし座でもっとも明るいアルタイル。俳句では秋の季語として使われる。

二十八宿《に・じゅう・はっ・しゅく》

月・太陽・春分点・冬至点などの位置を示すために、黄道付近の星座を二八個定め、これを宿と呼んだもの。古代中国で作られたもので、蒼龍《そうりゅう》＝東、玄武《げんぶ》＝北、白虎《びゃっこ》＝西、朱雀《すざく》＝南の四宮に分け、それをさらに七分してそれぞれに名前を付けたものがある。

春

春の星《はる-の・ほし》

春の夜、霞《かすみ》や靄《もや》などにうるんで見える星。俳句などでは、春の季語として使われる。

麦星《むぎ・ぼし》

うしかい座のアルクトゥルス。六月の麦刈りの時期に頭上に輝くことから、このような名前で呼ばれる。

真珠星《しん・じゅ・ぼし》

おとめ座のアルファ星。春の夜に青白く光る。太平洋戦争末期に、海軍航空隊からこの星に和名を付けるようにと要請された英文学者・野尻抱影《のじりほうえい》によって名付けられた。ちなみに「冥王星」という和名も野尻によるもの。

夏

彦星《ひこ・ぼし》

わし座のアルファ星アルタイルの和名。牽牛星《けんぎゅうせい》とも呼ばれる。「彦」は男性を呼んだもので、織女《しょくじょ》の夫と考えられたことからこの名前が付けられた。

織姫星《おり・ひめ・ぼし》

琴座のアルファ星ベガの漢名。七月七日、天の川に隔てられたわし座の牽牛星《けんぎゅうせい》と、年に一度の逢瀬《おうせ》をするという七夕の伝説で知られる。

赤星《あか・ぼし》

さそり座の中心に輝く星アンタレスの和名。この星が美しく輝くと豊年であるとされる。赤く光ることから「大火《たいか》」とも呼ばれる。

旱星《ひでり・ぼし》

「日照り星」、「日旱星」とも書く。炎天の続く夏、夜空に赤味を帯びて不気味に輝く星。蠍座のアンタレス、牛飼座のアルクトゥルスを指していう。

〈用法〉
「女立たせてゆまるや赤き——」
西東三鬼『夜の桃』

秋

碇星《いかり・ぼし》

秋に見えるカシオペア座の和名。和船の碇《いかり》に見えることから。

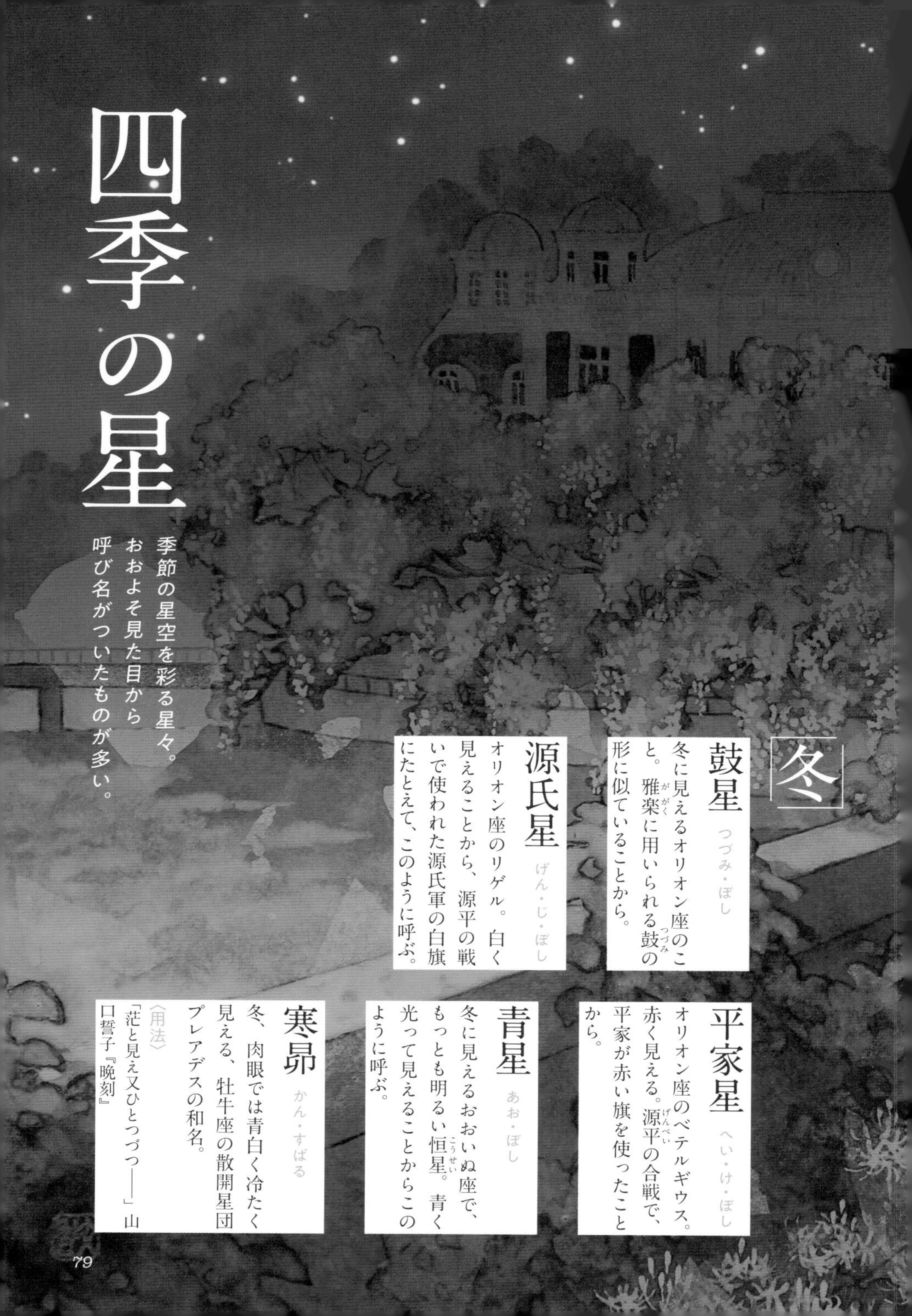

四季の星

季節の星空を彩る星々。おおよそ見た目から呼び名がついたものが多い。

冬

鼓星
つづみ・ぼし

冬に見えるオリオン座のこと。雅楽《ががく》に用いられる鼓《つづみ》の形に似ていることから。

源氏星
げん・じ・ぼし

オリオン座のリゲル。白く見えることから、源平の戦いで使われた源氏軍の白旗にたとえて、このように呼ぶ。

平家星
へい・け・ぼし

オリオン座のベテルギウス。赤く見える。源平《げんぺい》の合戦で、平家が赤い旗を使ったことから。

青星
あお・ぼし

冬に見えるおおいぬ座で、もっとも明るい恒星《こうせい》。青く光って見えることからこのように呼ぶ。

寒昴
かん・すばる

冬、肉眼では青白く冷たく見える、牡牛座の散開星団プレアデスの和名。

〈用法〉
「茫と見え又ひとつづつ――」山口誓子『晩刻』

星の煌めき

美しく輝く、
星の光の表現。
幻想的な夜の描写に。
転じて、人の輝かしい
栄光も表現できる。

星芒　せい・ぼう

星の光。「芒」は、ぼんやりと見える光。

〈用法〉
「まだ月は昇らず、山際に——がいくつか瞬いて見えるだけだ」

星明かり　ほし・あ-かり

多くの星が明るく光ること。星の光による明かり。

〈用法〉
「——が美しく、まるで都会のネオンが夜空に浮かぶようだ」

星影　せい・えい／ほし・かげ

星の光のこと、また星明かり。「影」は、「太陽」を意味する「日」に「高い建物」を表す「京」、そして明暗がはっきりすることを表す「彡」の記号が合わさって作られた漢字で、高い建物に太陽などの光が当たって、くっきりとした影が見えること。「星影」は、星の光が美しく光っていることを表す。

〈用法〉
「櫓《やぐら》の角に高くかかる——を仰いで「日は暮れた」とせ背の高いのが云う。「昼の世界に顔は出せぬ」と一人が答える」夏目漱石『倫敦塔』

星月夜　ほし・づき・よ／ほし・づく・よ

星が明るい夜のこと。月が空に浮かんでいない夜、星の明かりだけが美しい夜。俳句ではとくに「秋」の季語として使われる。また、地名としての「鎌倉」、また鎌倉将軍・源頼朝や松ヶ岡（東慶寺）などを暗示することばとしても使われる。

〈用法〉
「清水に雨後の灯多し——」高浜虚子『虚子句集』

星降る夜　ほし・ふ-る・よる

星の光が空から降ってきそうなくらい美しい星空のこと。また「星下《ほしくだ》り」、「星降《ほしくだ》り」は、流れ星が下方に走ること。また、打ち上げ花火の一種で、花火が高く上がり、火の玉が爆発し、多くの流星が一度に下りるようにみえる仕掛けをしたものもこう呼ぶ。

綺羅星

き・ら・ぼし

美しく、キラキラと輝く無数の星。「煌星」とも書く。「綺羅」は「彩絹《あやぎぬ》」と「薄《うす》絹《ぎぬ》」のことで、もともとは美しい煌《きら》びやかな衣装をいう。また粧《よそ》い飾ること。「綺羅、星の如し」という言葉が漢文にあり、「星が光るように美しい衣装を着た」という意味で使われていた。それが、転じて室町時代ごろから「綺羅星」ということばで使われるようになった。「夜空にキラキラと輝くたくさんの星」また「星」を「立派な人」にたとえて、「素晴らしい徳が高い人たちが、居並んでいること」を表すようになった。

代弁する星々

星の種類や、状態を表すことばを識れば、心情や情況を浮かび上がらせる情景描写ができる。

客星《かく・せい／きゃく・しょう》

いつも見える星ではなく、彗星や新星の爆発などで、一時的に現れる星のこと。「客」という漢字は、もともと「いきなり、人の予定も訊かずに訪ねて来る人」のことをいう。また古代日本や中国では「客星」が現れると、災害や政変などが起こると信じられていた。客星の記述は『続日本紀』や藤原定家の『明月記』などにも登場する。

婚星《よばい・ぼし》

「夜這星」とも書く。流れ星のこと。これは平安時代に男性が女性のところに通って肉体関係を持っていたことから、男性が流れ星のように、女性のところに通うことをいう。俳句などでは、秋の季語としても使われる。

〈用法〉
「星はすばる、ひこぼし、ゆふづつ、——、すこしをかし」清少納言『枕草子』

星屑《ほし・くず》

たくさんの小さな星。散らばっている無数の星。「屑」は、人の死体を表す「尸」と、小さいことを表す「小」、内蔵や肉を表す「月」が合わさって、人が亡くなって肉体が細かくバラバラになってしまうことを表した漢字。

〈用法〉
「静かにうごく——を、知るや君」島崎藤村『若菜集』

糠星《ぬか・ぼし》

夜空にキラキラと無数に散らばる、名もない小さな星のこと。

〈用法〉
「どれだけあっても、皆、——のようで役にも立たない」

妖星《よう・せい》

彗星や流星などで、天災、政変などの凶事が起こる前に現れるとされる、あやしい不吉な星をいう。

〈用法〉
「——の光にも似た眼《まなこ》で、女は、男のことを見た」

荒星

あら・ぼし

木枯らしが吹きすさぶ夜に見える星のことをいう。俳句などでは冬の季語として使われる。「荒星」という名前の星があるのではなく、「荒れくるう、冷たい風の吹く夜の星空」の意味。

〈用法〉

「木枯らしに向かって歩いていく侍を、――が笑うように光った」

景星

けい・せい

おめでたいことが起こる前触れとして出現する星といわれる。「吉兆《きっちょう》」、「瑞兆《ずいちょう》」の星というので「瑞星《ずいせい》」、「徳《とく》星《せい》」と呼ばれることもある。

〈用法〉

「――照りて錦江の 流に泛ぶ花の影」土井晩翠『星落秋風五丈原』

七つ星

なな-つ・ぼし

七つの星から成る、北斗七星のこと。仏教では北極星を「妙見菩薩《みょうけんぼさつ》」と呼び、北斗七星は北極星を中心に回る眷族《けんぞく》と考える。また儒教では、北斗七星は玉製の秤《はかり》で、公平を象徴することから、七つの星が徳政《とくせい》を司《つかさど》ると考えられていた。

箒星

ほうき・ぼし

彗星のこと。「ははきぼし」、「はわきぼし」とも読む。箒で掃いたように、軌道上を尾を引いて運行する星雲。古来、箒星は不吉なことの前兆とされた。

名を変える星

時間帯や季節によって呼び名が変わる星々。和名は俳句の季語や和歌にも歌われ、名前自体が吉兆を表すものも多い。

凍星
いて・ぼし

凍りついたように星の光が冴えていること。俳句では季節は「冬」を表す。

彼は誰星
か-は-たれ・ぼし

明星《みょうじょう》。「彼《か》は誰《たれ》」は、「あの人はだれか」という意味で、暗くてその人が誰かわからないということを意味する。朝のまだ明けきれない時間に見える金星のこと。

残星
ざん・せい

まだ明けきれない夜明けの空に見える星のこと。有明《ありあけ》の星ともいう。

星の入東風
ほし-の・いり・こ・ち

陰暦十月、現在の十一月ごろに吹く北東からの冷たい風。冬のこの風が吹くころになると、寒昴《かんすばる》（青白く冷たく見える、牡牛座の散開星団《さんかいせいだん》プレアデス）が見えるようになる。

夕星
ゆう・つづ

太陽が沈んで、まだ空が暗くなってしまわない時間に見える星のこと。

枯木星
かれ・き・ぼし

葉を落とした枯れ木の枝の向こう側に見える星のこと。俳句などでは冬の季語として使う。

〈用法〉

「――またたきいでし又一つ」水原秋桜子『葛飾』

一番星
いち・ばん・ぼし

夕方、一番はじめに輝き出す星のこと。昔は、「ひとつ星、見つけたら長者になろな」と子どもたちが唱えていた。

春星《しゅん・せい》

木星のこと。また、やわらかい、優しい光で春に輝く星のこともいう。

〈用法〉
「観海寺の石段を登りながら仰数――一二三と云ふ句を得た」
夏目漱石『草枕』

光る神

ひか-る・かみ

稲妻、稲光のこと。『万葉集』に使われる古いことばで、稲光のことをいうが、「本意に背く」、「当てが外れる」、「予期したことと違う」など、「違う」ということをいう枕詞としての意味もある。

雪明かり

ゆき・あ-かり

積もった雪の反射で、周囲がうす明るく見えること。稲垣千穎《いながきちかい》による作詞の唱歌『蛍の光』でおなじみの「蛍の光、窓の雪」など、苦学をする意味でも使われる。

〈用法〉

「――に見た相手の姿は、不思議にも雲水《うんすい》のやうでした」芥川龍之介『報恩記』

狐の嫁入り

きつね・の・よめ・い-り

「狐雨《きつねあめ》」、「天気雨《てんきあめ》」、「日照《ひでり》雨《あめ》」ともいう。日が照っているのに、小雨が降ること。宮崎県では「きつねんよめじょもれ（狐嫁女貰）」という方言でも使われる。

照り降り雨

て-り・ふ-り・あめ

晴れた空に、雨がパラパラと降ること。晴れたかと思うと雨が降り、降り出したかと思うと、また晴れるという変わりやすい天気のこと。

晴嵐

せい・らん

三つの意味がある。ひとつは、よく晴れ渡った日にたちのぼる山の気。ふたつめは、晴れた日に、山から大きな風が吹き下ろすこと。三つめは、近江八景のひとつである粟津《あわづ》が原《はら》の晴れ渡った景色のこと。付け加えると、もうひとつあり、青森県や山形県で食べられる料理菊の名前。橙紅色《とうたいしょく》をした菊の花弁を酢漬けにしたもの。

幕電

まく・でん

稲妻は雲にさえぎられて見えないが、雲が光って見えること。「幕」は「雲」のことをいう。幕の状態になった雲の中で、稲光が映る。

秋の雷

あき-の・らい

秋季に発生する雷鳴や雷光。「界雷《かいらい》」ともいう。

日照り雲

ひ・で-り・ぐも

夏の暑い日にうっすらと掛かる雲。とくに、日照りの先触れとして掛かる朝の雲のことをいう。また、日没のころ、夕焼けのように美しく紅色に染まった巴《ともえ》の形の雲のことを呼ぶ。

熱雷

ねつ・らい

夏の雷鳴や、稲妻のことをいう。強い日射しによって地面が加熱され、それによってできた上昇気流で生じた雷。強い雷雨をともなうことが多い。

煌《きら》めく空模様

天候のなかに見える光を指すことば。雨や雷の煌《きら》めき、雪や晴れ渡った日の輝きなど、さまざまな空模様で見え隠れする光。

雷光　らい・こう

稲光のこと。また、インスピレーションを得ることにもたとえて使われる。

〈用法〉「私は――の閃《ひらめ》くがごとく、ある事を感じました」田山花袋『名張少女』

稲妻　いな・づま／いな・ずま

稲光のこと。古く、「稲」が実るのは、稲妻が光って、感応《かんのう》することと信じられていた。『万葉集』などには「稲夫」と書かれている例もある。

白露　はく・ろ

「白」は、透明であることを意味する。美しい水滴のこと。俳句などでは、とくに秋の季語として使われる。

晴れ

光満ちる、天候の表現。青空や平和の表現、天気のよい日の情景描写に。

日和
ひ・より

もともとは、海の天気のことを指した。船出、あるいは出航するのによい海の天気のこと。これが空模様や天気、とくに晴天、快晴など気持ちのよい天気を表すようになり、さらに、江戸時代になると「事のなりゆき」、「情勢」などを指すことばになった。

上天気
じょう・てん・き

天気がよいこと。よく晴れて気持ちがよいこと。また、心がわくわくすることについても使う。

澄み渡る
すーみ・わたーる

空気などに澱《よど》みや濁りがなく、隅々まで美しく透明になる。早朝、夕方などに空が美しく青く澄むこと。また音や声が冴えて、響くこと。転じて、心のわだかまりや雑念がすっかりなくなることも表す。

〈用法〉
「高原では朝早く起きて、――空気を深呼吸した」

炎天
えん・てん

燃えるように暑い夏の昼間のこと。「炎日《えんじつ》」「炎天下《えんてんか》」とも。俳句などでは夏の季語として使われる。もともとは仏教用語で、「欲の地獄」のことを指す。この意味では「夜摩天《やまてん》」が同義語になる。

〈用法〉
「九月に入ると、それまでの――が信じられないほど、冷たい雨の日が続いた」

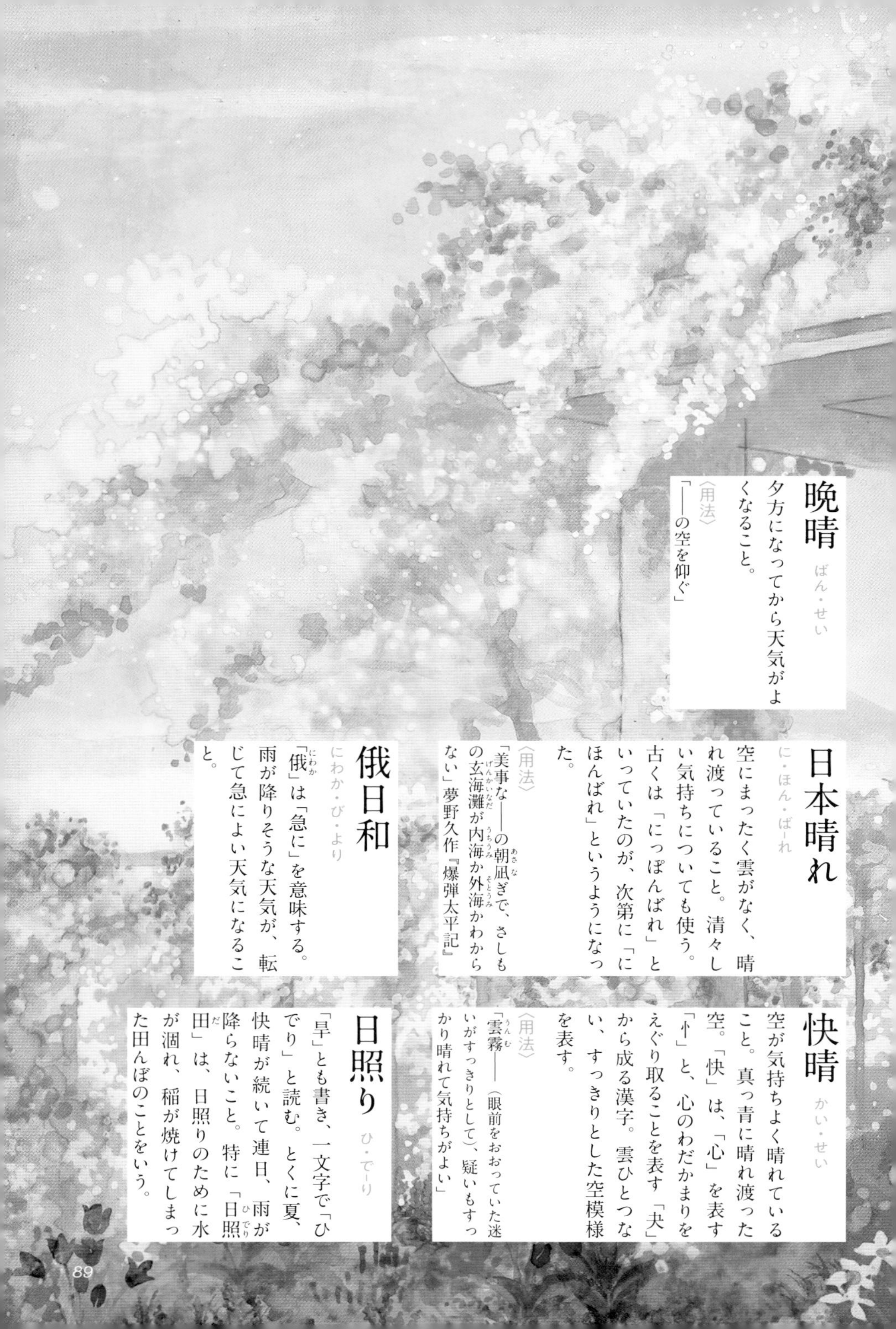

晩晴

ばん・せい

夕方になってから天気がよくなること。

〈用法〉

「——の空を仰ぐ」

日本晴れ

に・ほん・ばーれ

空にまったく雲がなく、晴れ渡っていること。清々しい気持ちについても使う。古くは「にっぽんばれ」といっていたのが、次第に「にほんばれ」というようになった。

〈用法〉

「美事な——の朝凪《あさな》ぎで、さしもの玄海灘《げんかいなだ》が内海《うちうみ》か外海《そとうみ》かわからない」夢野久作『爆弾太平記』

俄日和

にわか・び・より

「俄《にわか》」は「急に」を意味する。雨が降りそうな天気が、転じて急によい天気になること。

快晴

かい・せい

空が気持ちよく晴れていること。真っ青に晴れ渡った空。「快」は、「心」を表す「忄」と、心のわだかまりをえぐり取ることを表す「夬」から成る漢字。雲ひとつない、すっきりとした空模様を表す。

〈用法〉

「雲霧《うんむ》——(眼前をおおっていた迷いがすっきりとして)、疑いもすっかり晴れて気持ちがよい」

日照り

ひ・でーり

「旱」とも書き、一文字で「ひでり」と読む。とくに夏、快晴が続いて連日、雨が降らないこと。特に「日照《ひでり》田《だ》」は、日照りのために水が涸れ、稲が焼けてしまった田んぼのことをいう。

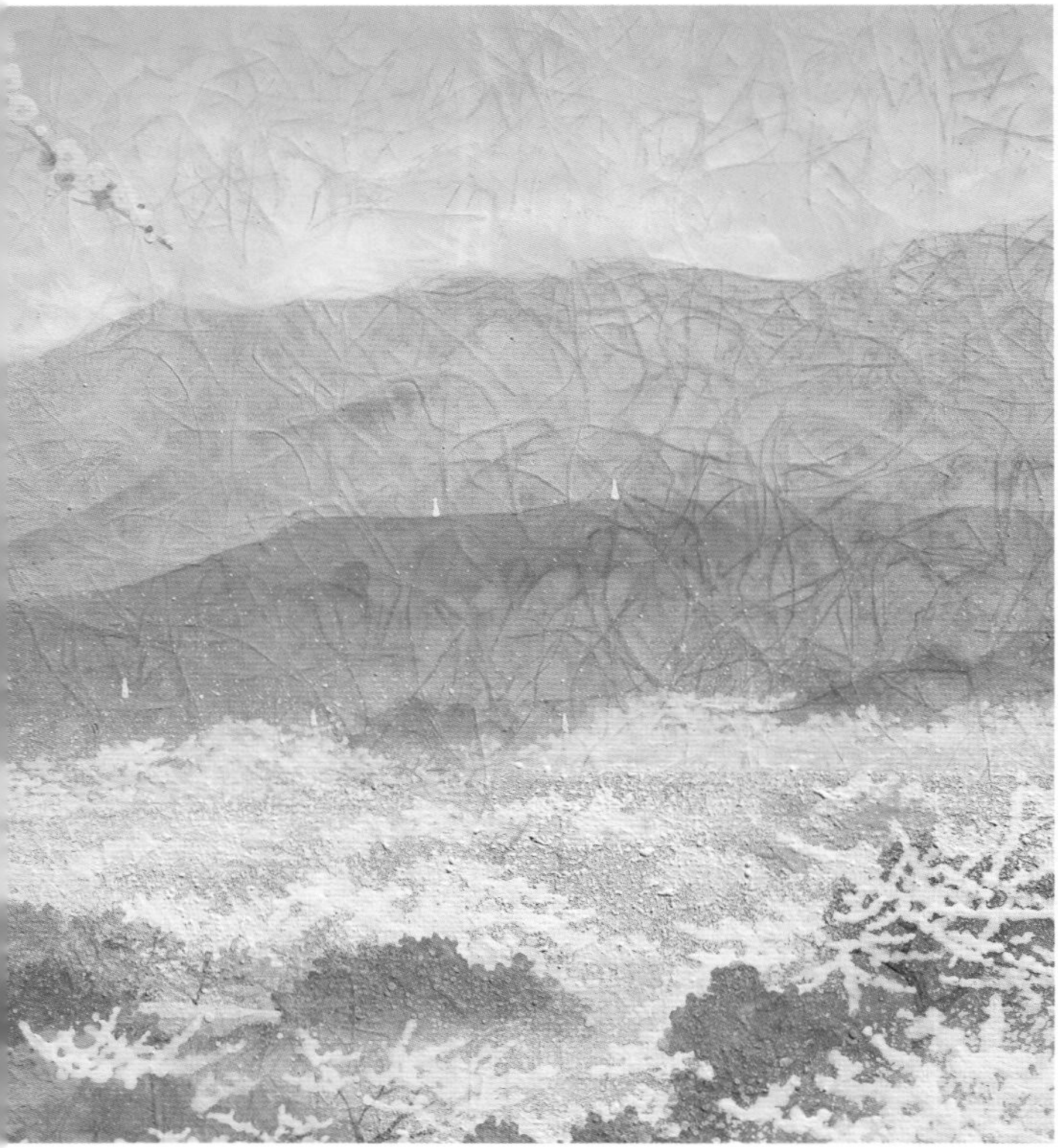

明るい空

晴れた日や満天の星など、明るさを感じる空のことば。澄み渡る空の青さ、転じて明るい状況や心情をたとえて表す。

空模様

そら・も・よう

「模様」は、「様子」、「なりゆき」、「状態」などを意味する。晴れるか、曇《くも》るか、雨や雪が降るかなどを見ること。また転じて、物事のなりゆきを推測すること。「泣き出しそうな空模様」は、雨が降り出しそうな天気のことをいう。

碧空

へき・くう

青く晴れた空。「紺碧《こんぺき》」などという熟語でも使われるように「碧」は、深い緑色を表す。とくに深い川の水の色など。

青空

あお・ぞら

青く晴れた空。俳句などでは、秋の季語として使われる。澄んだ空気で空が青く見えること。

〈用法〉

「——の下でラジオ体操をすると、気持ちも明るくなる」

一天

いっ・てん

「一」は、人が手を広げた「大」という漢字の上に「一」を書いて、「天」となることに由来する。空の全体、一文字に広がる大空のこと。

〈用法〉

「——に曇りのない空を飛行機が横切っていく」

碧落一洗

へき・らく・いっ・せん

雨後の青い大空のこと。まるで洗ったように美しく瑞々《みずみず》しく空が真っ青であること。「碧落《へきらく》」は、「遠い果て」という意味でも使われる。

〈用法〉

「上は――（へきらく）を極め、下は黄泉の底まで尋ね求むるに」白居易『長恨歌』

干天

かん・てん

「旱天」とも書く。雨が降らず、日旱《ひでり》が続くこと。「干《かん》天《てん》の慈《じ》雨《う》」とは、日旱《ひでり》続きのときに嬉しい雨が降ること。また、待ち望んだことが叶えられること、困難なときに思わぬ助けを得ることをいう。

蒼穹

そう・きゅう

青空。「蒼」は、草がこんもりと茂っているように瑞々《みずみず》しい青さを湛《たた》えていること。「穹」は、空が「穴」のようにぽっかりと空いていて、弓のように丸く地球を囲んでいるように見えること。

〈用法〉

「――に広がる大宇宙を思うと、悩みなどちっぽけなことだ」

穹窿

きゅう・りゅう

弓形に見える大空のこと。また、丸天井、つまりドームのこともこのように書かれる。「窿《りゅう》」は、「空」が大きく高く盛り上がっていることを表す。

〈用法〉

「ゴシック風の――、アラビアじみた市松模様の床」芥川龍之介『河童』

漢天

かん・てん

地上から見える銀河系「天の川」が見える空のこと。ちなみに「天の川」のことを「天漢《てんかん》」ともいう。

〈用法〉

「明くれば七月廿五日也。――既にひらきて、雲東嶺にたなびきにけり（明けて7月25日、夜明け。雲が東の峰々にたなびいている）」『平家物語』

高空

たか・ぞら／こう・くう

高い空のこと。

〈用法〉

「空中曲馬団は人間を大砲仕掛で撃ち上げて、――で炸裂したタマの中からパラシュートによって人が降りてくるなどいふうはさ話と同様」稲垣足穂『星を造る人』

光の慣用句・ことわざ

光や輝きにまつわる慣用句や、教訓を含んだことわざ、中国の古い話に基づいた故事成語などを紹介。光はよいことや、早く過ぎる時間などをたとえて表されることが多い。

光《こう》炎《えん》万《ばん》丈《じょう》

もとは、光り輝く炎が高く立ちのぼること。とくに、詩文の表現の勢いの強いことのたとえとして使われる。唐代の詩人、韓愈《かんゆ》のことば。

光《ひかり》を韜《つつ》む

「韜」は、包み隠すことを意味する漢字。すぐれた点を知られないようにすること。すぐれた知識・才能をかくして俗人とまじわること。

襟《えり》が光《ひか》る

身なりが立派である。金持ちであるという意味で使われる。

金《かね》の光《ひかり》は阿弥陀《あみだ》ほど

金のもつ威力は、阿弥陀《あみだ》の霊力ほどの力がある。金銭のありがたさを阿弥陀の霊光にたとえていう。「阿弥陀《あみだ》も銭《ぜに》ほど光る」とも。

石《せっ》火《か》の光《ひかり》

火打ち石を打つときに発する火。転じて、きわめて短い時間のたとえ。

乙子《おとご》の光《ひかり》は七光《ななひか》り

「乙子《おとご》」とは、末の子どもをいう。末子は親から特に愛されて、そのお陰をこうむることが多いということわざ。

光《こう》陰《いん》矢《や》の如《ごと》し

「光陰《こういん》、夢《ゆめ》の如《ごと》し」ともいう。月日が過ぎていくのは、まるで飛ぶ矢のようだという意味で、歳月の経つことが早いことのたとえ。

光《ひかり》あるものは、光《ひかり》あるものを友《とも》とす

知恵がある人は、知恵がある人を友とするという意味。また同じ性質のものは自然に寄り集まる。「類は友を呼ぶ」の「よい仲間」という意味で使われる。

光《ひかり》を和《やわ》らげ、塵《ちり》と成《な》す

「光を和《やわ》らげ、塵《ちり》に同《どう》ず」ともいう。すぐれた学徳《がくとく》や才能を秘して、世俗《せぞく》にまじりあうこと。『老子《ろうし》』のことば。

光《ひか》るほど鳴《な》らぬ

稲光が激しいわりに、雷鳴《らいめい》が小さいこと。口やかましくいう人にかぎって、根は案外怖くない。また強そうに振る舞う敵は、思いのほか弱いということをたとえていう。

輝《かがや》くもの必《かなら》ずしも金《きん》ならず

見かけの立派なものが、すべて内容も立派だとはかぎらない。シェイクスピア『ベニスの商人』の「All that glitters is not gold.」を訳したことば。

日月《じつげつ》と光《ひかり》を争《あらそ》う

その徳操《とくそう》（固く守って、変わらない道徳心）や、功績の高く偉大なことは、太陽や月の光にも劣らないほどである。『史記《しき》』のことば。

鞘《さや》は無《な》くとも身《み》は光《ひか》る

「鞘《さや》」は、刀などの刀身を入れる筒のこと。刀の見かけは悪くても、中身がよいことのたとえをいう。

心《しん》体《たい》光《こう》明《めい》なれば、暗《あん》室《しつ》の中《うち》にも青《せい》天《てん》あり

心とからだが健全でくもりなければ、たとえ暗い部屋の中にいても青空のもとにいるのと同じである。心にくもりがあると、真昼間でも悪鬼《あっき》が生ずるという意味。洪自誠《こうじせい》の『菜根譚《さいこんたん》』のことば。

光の慣用句・ことわざ

留《る》守《す》の間《ま》の栄《えい》光《こう》

留守で、誰もいないうちに勝手放題にふるまうこと。「鬼の居ぬ間に洗濯」とも。

眼《がん》光《こう》、紙《し》背《はい》に徹《てっ》す

書かれている、紙の裏まで見とおす。書物を読んで、字句の解釈だけでなく、その深意までもつかみとる。読解力がするどいこと。

玉《たま》、磨《みが》かざれば光《ひかり》なし

どんな宝石も、磨かなければ美しい輝きを放たない。人はいくら素質があっても、練《れん》磨《ま》しなければ立派な人間にはなれないというたとえ。「玉磨《たまみが》かざれば器《うつわ》を成《な》さず」とも。儒教の経典『礼《らい》記《き》』のことば。

灯《とう》、滅《めっ》せんとして光《ひかり》を増《ま》す

灯《ともしび》は燃え尽きようとする前に、一度明るくなる。病人が死ぬ前にちょっと容態がよくなったり、物事の滅亡の直前に一時勢いをもり返したりすることのたとえ。「灯火（とうか／ともしび）消えんとして光を増す」とも。

天《てん》の聞《き》くこと、雷《かみなり》の如《ごと》し。地《ち》の見《み》ること、稲光《いなびかり》の如《ごと》し

天が物事を聞き知ることは、まるでとどろく雷鳴《らいめい》のようにはっきりしており、地が物事を見通すことは、まるで輝く稲妻のように明《めい》白《はく》である。天は人の所行をすべて知っており、その善悪によって直《ただ》ちに応報《おうほう》を下すということ。

煩《ぼん》悩《のう》の雲《くも》厚《あつ》く、仏《ぶつ》日《にち》の光《ひかり》、晴《は》れ難《がた》し

煩悩《ぼんのう》が深いために、仏の救いが得られないでいるさま。

良《りょう》玉《ぎょく》、尺《しゃく》を度《はか》れば、十《じゅう》仞《じん》の土《つち》有《あ》りと雖《いえど》も、其《そ》の光《ひかり》を掩《おお》う能《あた》わず

よい珠玉《しゅぎょく》はどんなに小さくても光り輝くものだから、たとえ十仞の土（たくさんの土の意味）をもってしても、その輝きを蔽《おお》いかくすことはできない。すぐれたものは必ず世にあらわれ、広く知れ渡るものだというたとえ。

余《よ》光《こう》を分《わ》かつ

灯火《とうか》のわずかな光を分け与える。他人に恩恵を施す。「余光《よこう》」は、照らしてなお余っている光。『史記』のことば。

百星《ひゃくせい》の明《めい》は、一月《いちげつ》の光《ひかり》に如《し》かず

たくさんの星の明るさを集めても、ひとつの月の光に及ばない。つまらぬ者がいくらいても、ひとりの賢人がいることの価値に及ばないというたとえ。中国の古典『淮南子《えなんじ》』の言葉。

流星光底《りゅうせいこうてい》、長蛇《ちょうだ》を逸《いっ》す

刀を打ちおろしたのに長蛇《ちょうだ》を切り損じて逃がしてしまう。かねて、つけねらっていた相手を討ちとる絶好の機会を、瞬時のうちに失うこと。「流星光底《りゅうせいこうてい》」は、打ちおろした刀の光を流星の光の煌《きら》めきにたとえたもの。

眼光落地《がんこうらくち》は、死《し》に近《ちか》し

病人の目に光がなくなり、下を向くようになると、もはや死期が近いということをいう。

夜光《やこう》の璧《たま》

暗夜《あんや》に光を放つという宝珠《ほうじゅ》。昔、中国で、随侯《ずいこう》が傷ついた蛇を助けて、その蛇から授かったと伝えられる玉をいう。和氏《かし》の璧と共に珍重された。夜光《よる》る玉。

親《おや》の敵《かたき》を持《も》つ者《もの》は日光《にっこう》に当《あ》たらず

苦労に苦労を重ねて、敵をさがし求める様子をいう。

求《もと》むるに来《き》たり、愛《あい》に光《ひかり》を増《ま》す

人の熱意や愛情が先方の心を動かし、その態度を好転させるという意味で使われる。

第2章 闇のことば

闇深い世界へ誘うことば。
「暗さ」を表すことばだけでなく、
怪異や呪術、死に関連することばなど、
ほの暗いニュアンスを表現できる
関連語も多数収録。

明度の表現 98
怪異の表現 106
夜の表現 112
自然の表現 118
人物・場面の表現 126
闇の慣用句・ことわざ 144

陰々　いん・いん

雲が空を覆ったり、木々が茂って薄暗いこと。「陰」という漢字に見える「云」は「雲」を表す。また「今」は「Now《ナウ》」ではなく、もともと「内側に籠もっていること」。「阝」は、土が盛り上がっていること。この三つの要素が合わさって、「土の影に雲が籠もっているように暗い」ことが「陰」という漢字の意味になる。また、「陰々《いんいん》滅々《めつめつ》（↓135ページ参照）」は、雰囲気や気分が鬱陶しく、気が滅入ること。

〈用法〉
「巴里《パリ》の冬は雲に覆われて――とした日が続く」

陰々寂寞　いん・いん・せき・ばく

ひっそりとして、もの悲しい様子。

日陰　ひ・かげ

「日蔭」、「日影」、「日景」、「日隠」などとも書かれる。日光の当たらない場所。また比喩的に、世の中で目立たない場所や、出世の機会がなく、貧しく、隠れ住んでいるような場所をいう場合もある。また、植物の「日《ひ》陰蔓《かげのかずら》」の略称。

〈用法〉
「夏の高原で涼しい風を浴びながら――で昼寝をしたい」

陰影　いん・えい

「陰翳」とも書く。暗くなっている影。また色、調子、味、音、感覚などで、よく見えない部分、隠された部分をいう。「影《かげ》（翳）」は、光によって映し出された明暗の「暗」の部分をいう。谷崎潤一郎の『陰翳礼賛《いんえいらいさん》』は、日本の文化が持つ独特の「陰影」を描いた名著である。

草葉の陰　くさば-の・かげ

もともとは、草や木の葉の下にできる影のこと。また室町時代ごろから、成仏できなかった人の魂が草や木の葉の下を浮遊していると考えられたため、「あの世」、「黄泉の国」などという意味でも使われる。

〈用法〉
「そんなお前のことを、亡くなったお祖母さんが――から見て泣いているかもしれないよ」

陰暗　いん・あん

「陰」も「暗」も、日が当たらずに暗いことを表す。

〈用法〉
「――とした谷底」

陰と影

日の当たらない、暗がりのことばたち。
「陰」はものに遮られて
光が当たらないこと。
「影」は暗がりにできる
「カゲ」の像や形の表現。

片陰　かた・かげ

陽の当たらない場所。また夕方、日陰が広く覆うこと。人目の届かない「片隅」の意味でも使われる。

小陰　こ・かげ

ちょっとした物陰。「小蔭」とも書く。「小」は、「ちょっとした」という意味。

涼陰　りょう・いん

涼しい木陰（118ページ参照）。俳句では、夏の季語として使われる。

陰湿　いん・しつ

暗い日陰で、いつも湿っていること。比喩的に、人の性格などにも使われる。

暗影　あん・えい

暗い影。「陰影（→98ページ参照）」と同じような意味で使われるが、「暗影」はとくに、不吉なもの、不安なことについて使われる場合が多い。

〈用法〉
「現在の生計向《くらしむき》に苦しい負担の――を投げる事は慥《たしか》であった」
夏目漱石『明暗』

火影　ほ・かげ

灯火《とうか》の炎のこと。蝋燭などの薄明かりの中にできる影のこと。

泡影　ほう・えい

水の泡やものの影。とりとめなく、はかないものをたとえていう。

影裏　えい・り

光が照らされない部分、また心の中に隠れていることなどについても使う。「裏」は「衣」が書かれるように、もともと「着物」の「裏地」のことをいう。隠れて見えない部分。

〈用法〉
「心の――に哀しみを抱える」

闇

闇や暗がりを表すことば。光のない場所や情況、転じて、暗い気分の表現にも用いる。

闇闇 やみ・やみ

「暗暗」とも書かれる。暗さを強調した言い方。暗くて、暗くて、はっきりとものが見えないこと。また日暮れ方や未明の、暗くてものがよく見えない時刻についても使う。

〈用法〉
「――とした谷間に、突然、月の光が射し込んだ」

漆黒の闇 しっ・こく－の・やみ

黒いウルシでべったりと塗ったように逃げ場がない状態の暗闇のこと。「漆」は、漆器を作るための「ウルシ」で、真っ黒いドロリとした液体。

〈用法〉
「――の闇の中で、もがけばもがくほど苦しくなる」

常闇 とこ・やみ

永久に真っ暗な闇が続くこと。「常」は、「いつまでも終わらないこと」を表す。「常闇の世」は、終わることのない闇の時代が続く世の中。また「常闇行く」は、夜が長いことを表す。『古事記』や『日本書紀』では、太陽神である天照《あまてらす》大御神《おおみかみ》が隠れた時、この世は常闇になったと記されている。

〈用法〉
「日が沈むと、俄然、山道は――に包まれた」

つつ闇 つつ－やみ

ずっと暗い闇をいう。「つつ暗」と書いて「つつくら」ともいう。「つつ」は、「ずっと」という意味。

〈用法〉
「――を苦しいと言う前に、自分で心の灯をともすことが必要だ」

暗黒 あん・こく

光がなく、世界が黒くなっていること。また比喩的に、希望がない状態を表す。「暗」は、「日」と「音」が合わさって作られた漢字。「音」は、声がくぐもって、はっきりしないことを表す。「暗」は、太陽が曇って、光がない状態を意味する。

闇黒 あん・こく

真っ暗で、光のないこと。「闇」は、もともと「入口を閉めて、音が聞こえない状態になっていること」を表す漢字で、「光」がないという意味の「暗」と同じく使われる。

闇

暗澹《あん・たん》

「澹」は、もともと水がゆっくり静かに落ち着いていることを表す漢字で、「十分であること」、「静かで安らかであること」を意味する。「暗澹」は、「暗さ」が「澹」としているという意味で、暗さに覆われてしまっていることを表す。また、そのような気分にも使う。

〈用法〉
「――とした時間が、辺りを覆い尽くした」

晦冥《かい・めい》

暗闇のことをいう。「晦」は、太陽の光が茫然として暗いこと。また「冥」は、太陽の光が覆われて、なにがあるのかまったく見えないこと。

〈用法〉
「人生とは――の中を手探りして歩くようなもの」

冷暗《れい・あん》

冷たくて暗いこと。

〈用法〉
「石段を上がり洞窟に入ると、そこには――の気が満ちていた」

暗がり《くら-がり》

暗くなってしまっていること。暗いとき、暗い場所、人目につかないところなどについていう。動詞「暗がる」の連用形「暗がり」が名詞化して使われるようになったもの。

〈用法〉
「ひとり、――の廊下を歩いていると、後ろから足音がした」

昏天黒地《こん・てん・こく・ち》

「昏」は、「氏」と「日」が合わさって作られているが、「氏」の部分は、目がよく見えない状態を表し、明かりがあってもものの形などがはっきりわからないことを意味する。空が暗く、大地も黒く暗くなってまったくの闇に包まれていることを表す。

〈用法〉
「――の雨の夜、ひとりの僧侶が念仏を唱えていた」

冥漠《めい・ばく》

暗くて、ものの存在が隠れ見えないこと。「漠」は、「水（氵）」と「莫」で作られる。「莫」は、太陽が草の中に隠れて見えなくなること。これに「氵」が付いて、水が隠れて見えないことを意味する。「砂漠」ということばは、水が砂の中に隠れて見えないことが語源。

〈用法〉
「森には――と、昔に使われた古道がぼんやり残っている」

幽闇《ゆう・あん》

かすかに何かあることはわかるが、ひっそりとして音も光もない状態で暗く、明らかでないこと。「幽」は、小さくて微かなことを表す。「幽暗」とも書かれる。

〈用法〉
「夕方とも夜ともつかない不思議な——の中に立っていた」

幽冥《ゆう・めい》

ぼんやりとした光で、あることは見えても、それが何なのかわからないくらい暗いこと。「幽」は「微か」で小さくて、ほとんど姿が見えないことを指す。

〈用法〉
「長く、薄い女性の影が——と夜の建物の壁に浮かぶ」

繊翳《せん・えい》

ちょっとした、わずかなかげりのこと。「繊」は「細くて非常に小さいこと」を意味する。「翳」は、もともとは、身分の高い人の姿を見えないようにするために、鳥の羽で作った扇のこと。

〈用法〉
「廊下を——が通り過ぎた気配を感じた」

仄暗い《ほの・ぐら-い》

「ほの（仄）」は「かすかに」、「わずかに」などの意味で、「少しだけ」暗いことを表す。

〈用法〉
「——障子の向こうから、いきなり猫が飛びだして来た」

見えない

闇の中、物事が見えないときの類語。視界が悪いことのほか、わからないことや目途が立たないときの表現にも。

地図なき航海

ち・ず－なき・こう・かい

行く先が不明のこと、当てがない、という意味で使われる。「暗中模索（→105ページ参照）」と同じ意味で使われる。「航海」は、広々と広がる島などもない外洋を、船で横断することをいう。地図のない海で船を運航させてもどこに向かって進めばいいのかわからなくなる。

〈用法〉「——のような人生を送ってしまわないよう、目標を立てる」

一寸先は闇

いっ・すん・さき－は・やみ

「一寸《いっすん》」は、三・〇三センチメートル。ちょっとの前方、あるいはちょっと先の時間を「一寸先」という長さの単位で表す。ちょっとした前方、ちょっとした時間の先は、我々が知ることができない「闇」が待っているという意味。

〈用法〉「——といわれるように、注意を怠ると地獄が待っている」

五里霧中

ご・り・む・ちゅう

「一里」は、四キロメートル四方のこと。つまり、かなり広い範囲という意味。「霧中」は「霧の中」。自分を中心に四キロ四方がまったく見えない状態。転じて、物事の事情や様子がつかめず、方針や見込みがたたないこと。「霧中」を「夢中」と誤って書かないように。「夢中」は「自分を忘れて、あることに一生懸命になること」の意味。

〈用法〉「——の中、ようやく活路を見出した」

視界不良

し・かい・ふ・りょう

どれだけ注意を払って見ても、よく見えないこと。「視」は、気をつけて、注意を向けて目を凝らして見ること。「視界」は、注意して見ることができる範囲のことをいう。「不良」は、「よくないこと」「状態がよくないこと」。

〈用法〉「霧に包まれて——になった山道」

無明

む・みょう

一般的には、物事の理屈などをよく知らないという意味で「道理に暗いこと」の意味で使われる。もともとは仏教用語。根本的な無知のこと。無知であるが故に、人は生老病死に対して「苦」の意識をもつのだという。

〈用法〉「仁義礼智に——であれば、知らずに人を傷つけることになる」

手探り　て・さぐ-り

何があるか分からないようなところを、方法もなく探し回ること。「模索《もさく》」と同意語。「探」という漢字は、「扌（手）」と「穴」と「木」で作られる。手に木の棒を持って、穴の中をさがすこと。

〈用法〉

「――の状態よりも、もっとよい方法を考えるべきだ」

暗中模索　あん・ちゅう・も・さく

手探りで、ものを探すこと。暗闇の中、ものが見えない状態でものを探し求めること。手段や方法がない状況で、解決の糸口、方法を求めることについてもいう。「模索」は「摸索」とも書く。

〈用法〉

「新しい企画は、まったく――の状態で始まった」

幽鬼　ゆう・き

死んだ人がかすかにこの世に残した影のこと。「鬼」は、大きな頭をして足元が定かでない亡霊を書いた象形文字。死体のおばけのこと。「魂」は、人の生命のもとになっている精神。「魄」は、肉体的生命を司《つかさど》っている活力という。

〈用法〉
「夜中に天井裏から聞こえる哀しい鳴き声は、先祖の——に違いない」

魔物　ま・もの

「魔」という漢字は「麻」と「鬼」で作られる。「麻」は「人を痺れさせるもの」、「鬼」は「霊《れいこん》」で「人の五感を麻痺させて、害を与えるもの」。

〈用法〉
「男は——に取り憑かれた」

妖

人にわざわいを与える化け物や事柄。
転じて、人や悪事を表したり、
誰かの不吉な行動を暗に指す場合もある。

妖魔　よう・ま

バケモノ、妖怪、魔物など。バケモノが姿や形が奇妙であるだけなのに対して、「妖魔」は、人などに取り憑いて悪さをするもの。

御化　お・ばけ

バケモノ、妖怪、幽霊のこと。異様なもの、変わった形のもの。不思議なもの。

有象無象　う・ぞう・む・ぞう

仏教用語の「有相無相《うそうむそう》」から。現象として、あること、ないこと。さまざまな人間や物質。くだらないもの、ろくでもない人たち。人を卑しめていう罵言。

〈用法〉
「——の連中が株を買うようになってから、あの社会はだめになった」

伏魔殿　ふく・ま・でん

もともとは「魔物（右項参照）が隠れている高貴な建物、社殿」という意味。転じて、高貴な人、あるいはいいところの家の中で、企まれる悪事。悪の根拠地、根源。

〈用法〉

「王宮を――として描いている映画がたくさんある」

魑魅魍魎　ち・み・もう・りょう

「魑魅《ちみ》」は、山や林森などから生まれる化物。「魍魎《もうりょう》」は、山や川、木や石から生まれる化物といわれる。たくさんの妖怪（同ページ参照）や化物のこと。

〈用法〉

「――が跋扈《ばっこ》している中、わざわざこちらから出かける必要があるだろうか」

火血刀　か・けつ・とう

「火塗《かず》」、「血塗《けつず》」、「刀塗《とうず》」という地獄の世界。火に焼かれ、血にまみれ、刀で身体中を切り刻まれる仏教の地獄。

〈用法〉

「――の苦しみを受けている無数の人たちの、阿鼻叫喚《あびきょうかん》の地獄を見てきた」

付喪神　つく・も・がみ

日本の古い信仰で、長い年月使っている間に、精霊や霊魂《れいこん》が宿るとされた。人に悪さをするともいわれる。また百年以上生きたキツネやタヌキが妖怪になったものを〝付喪神《つくもがみ》〟とも呼ぶといわれる。

妖怪　よう・かい

「妖化《ようけ》」、「妖鬼《ようき》」ともいう。「怪」は、人を驚かせるようなバケモノや現象をいう。「妖怪」は、人智《じんち》では計り知れないもの。

百鬼夜行　ひゃっ・き・や・こう

もともとは、夜になると、さまざまな妖怪が群れをなして歩き彷徨《さまよ》うことをいった。すでに平安時代後期ごろから使われていたことば。ただ、これを比喩的に「多くの人々が、徒党を組んで、奇妙な行動をすること」にも使う。

〈用法〉

「――する連中には、政府転覆を狙うテロリストがいる可能性もある」

妖異　よう・い

あやしくて不思議、奇怪なこと。

〈用法〉

「その石は、まるで妖怪が最後の断末魔を上げた姿のままのように、――な形をしていた」

物の怪　もの-の-け

「物の気」とも書く。人に取り憑く妖怪。取り憑かれた人を、殺したり、病気にしたり、精神を狂わせたりする。

亡霊　ぼう・れい

「亡魂」ともいう。亡くなった人の魂が、この世に残って見えること。

〈用法〉

「能には、たくさんの――を鎮魂《ちんこん》する演目がたくさんある」

怪異

あやしげなこと、変わったこと、ふつうでないことを指すことば。転じて、理解の及ばないような素晴らしい事柄の表現にも。

怪奇《かい・き》

現実にはありそうもない奇妙なこと。姿、形が不思議で、目に心地よく感じられないもの。説明をすることができそうもない不思議なこと。

〈用法〉
「到底生物《いきもの》と思へない山の——を眺めたまま、私は棒立ちになってゐた」川端康成『伊豆の踊子』

へんてこりん

「へんてこ」は漢字では「変梃」と書く。変わっていること、ふつうではないこと。「りん」は語調を調えるために拍子として添えたもので意味はない。奇妙なこと、不思議なこと。

〈用法〉
「異国には、我々からすると——と思える地名が多くある」

奇々怪々《き・き・かい・かい》

「奇怪」あるいは「怪奇」の意味を強めた表現。とても怪しくて不思議なこと。非常に不思議なこと。

〈用法〉
「菅原道真《すがわらのみちざね》が亡くなった後、京都では——なことばかりが起こった」

異類異形《い・るい・い・ぎょう》

ふつうとは異なる範疇にあるもの。我々の世界の分類には入らない異世界のもので、人間ではない異様な形をしているもの。化物のこと。

面妖《めん・よう》

もともと「名誉」が語源で、「面妖」は当て字。不思議なこと、あり得ないこと、奇妙なほど、という意味。

〈用法〉
「——な色気のある女性が立っていた」

摩訶不思議《ま・か・ふ・し・ぎ》

ひじょうに不思議であること。「摩訶《まか》」は「大きい」を意味するサンスクリット語の漢訳語。「不思議」は「思い、議して、ことばで表すことができない」の意味。人智の及ばないこと、思いがけないこと。

〈用法〉
「——な現象ばかりが起きた」

幻影《げん・えい》

「幻」は「まぼろし」、糸くずのように小さくて、まったく手で触ることができないものを表す。「影」も見えてはいても、触れることも手に取ることもできないもの。見えてはいても現実世界には存在しないもの。

〈用法〉
「世界は、量子力学的に見れば——だという考えもできるそうだ」

神秘《しん・ぴ》

「秘」は、中身が見えないように、紐でぐるぐると巻い

ているものを意味する。「神秘」は、人の知恵でははかり知れない不思議な秘密。今現在の科学や理論、認識を超えた事柄。

〈用法〉
「まだ我々は、世界の——のほんの1%ほどを知っているに過ぎない」

珍妙　ちん・みょう

めずらしく、すぐれていること。また、変わっていておかしいことにも使う。「珍」は、「宝」を意味する「珎《ちん》」と同じ意味の漢字で、とてもふつうにはあり得ない貴重で珍しいものを意味する。「妙」は、もともと余分な肉のない美しい女性、また非常に稀であることを意味する。

〈用法〉
「——な四角い箱にカギのようなものを入れて、グルグルと播《ま》くと音楽が出る。これがオルゴールだ」

化身　け・しん

もともと仏教用語で、菩薩や鬼神、高僧の魂などが、人の姿となって現世に現れてくることをいう。

〈用法〉
「空海は、不空という中国で亡くなった高僧の——だと自分で信じていた」

霊妙　れい・みょう

「霊」は、旧字体では「靈」と書く。「口」が三つ並んでいるのは、雨粒のように美しく清らかなこと。「巫」は、神のことばを聴くことができる神官のこと。「靈妙」とは、神の仕業のように美しく清らかで、非常に珍しいこと。

〈用例〉
「——な力が働いたとしかいいようのない名刀」

怪訝　け・げん

「訝」は、「いぶかしい」、「疑わしい」、「物事が不明で気掛かりである」ということを意味する漢字。わけがわからなく、納得がいかないこと。

〈用法〉
「彼は——な顔をした」

新奇　しん・き

目新しくとても珍しいこと。「斬新《ざんしん》奇抜《きばつ》」とも。ふつうに見るものとは異なって、とても目立って奇妙に見えること。

〈用法〉
「田舎から東京に出たら——な格好をしている人たちがいっぱいでびっくりした」

呪符
じゅ・ふ

病気や災難、祟《たた》りなどの災厄から逃れるために身につける札。神社、仏閣などで神が宿ったとする神聖な札。

厄除け
やく・よーけ

よくないことが起こらないように神に祈ること。また厄年の災厄を払いのけること。「厄落《やくお》とし」、「厄払《やくばら》い」ともいう。

符呪
ふ・じゅ

まじないのこと。「呪符（同ページ参照）」が「災難を免れるための札」であるのに対して「符呪」は、「災難を逃れるためのまじないのことば」を指すことが多い。道教の教義に書かれる『符呪の書』などはよく知られている。

呪詛
じゅ・そ

「呪い（→111ページ参照）」と同義語。

妖術
よう・じゅつ

あやしい魔術を使うこと。人を惑わす不思議なわざを見せる術。魔法。

禁呪
きん・じゅ

禁じられた「呪い（→111ページ参照）」。決して使ってはいけないとされる魔術。ふつうの人には知ることができない妖術。

禁厭
きん・よう／きん・えん

呪いを使って、病気や災害、災難を防ぐこと。

呪術

古《いにしえ》から、人々は超自然的な力を借りて、願う事柄を引き寄せてきた。呪いや魔法を呼び起こそうとした、人々の信念を象ることば。

加持

か・じ

もともと仏教用語で、仏や菩薩が人々を守ること。「加持祈祷《かじきとう》」などということばでも使われる。仏や菩薩に祈りを捧げて、国や人を守ってくれるように祈願すること。

祈祷

き・とう

「祷」は旧字体では「禱」と書く。これは神に対して、長々と訴えて祈ることを表す。心から願うこと。神に対して心から望むことを伝えること。

呪い

のろーい

「詛い」とも書く。「呪詛《じゅそ》」とも。もともとは、災いや病気などを取り除くために神にことばを掛けて祈ることを意味したが、時代が下ると、憎む人に災いが下るようにと祈るものになった。

まじない

「まじなう」ということばの連用形が名詞化して使われるようになったもの。神仏や神秘的なものの力を借りて、災いや病気を取り除いたり、人に与えたりすること。

厭勝

えん・しょう

まじないのこと。また、まじないで人を屈服させること。「厭勝」の「厭」は「人を圧倒する」ことを意味する。神仏、霊力を借りて妖術を使い、人を威圧し、負けさせること。

除霊

じょ・れい

人に取り憑いた病気や災いの霊を取り除くこと。「除」は、「のぞく」、「なくなる」こと。

降霊

こう・れい

占いなどを目的として、亡者の霊を呼び寄せること。霊媒《れいばい》と呼ばれる死者や精霊と人間の仲介をする人や、ものを通じて、予言や警告を語らせたり、奇跡を起こしたりしてもらう。

結界

けっ・かい

仏教用語で、修行のときに障害がないゆえに、特定の作法で、魔物や霊力が入り込んで来ないように、ある場所を守り聖域《せいいき》とすること。

怨念

おん・ねん

「怨」は「死」と「心」が組み合わさって作られた漢字。心が動かなくなり、ある人、あることを憎く嫌なものだとずっと思う気持ち。また、「念」は、気持ちが籠もること。人をひどく憎み苦しむこと。

式神

しき・がみ

陰陽道《おんみょうどう》で、陰陽師《おんみょうじ》が命令を下して使う鬼神《きじん》のこと。変幻自在で、不思議な力を持つとされる。

夜陰 や・いん

夜の暗がり。「陰」は、雲が空を覆い、崖のようなもので光が遮《さえぎ》られて暗くなることを表す漢字。

〈用法〉
「泥棒は、——に乗じて忍び込む」

小夜 さ・よ

「さよ」の「さ」は接頭語で、とくに意味はない。「こよる」と読む場合もあるが、「こ」にも特別な意味はない。夜のこと。

夜の底 よる-の-そこ

底知れない夜の闇のこと。

〈用法〉
「急な梯子《はしご》を——へかけ下りた」
芥川龍之介『羅生門』

夜の帳 よる-の・とばり

「帳《とばり》」とは、光を遮ったりするための布、カーテンなど。まるでカーテンが下りるように、真っ暗になること。

〈用法〉
「いつのまにか、——が下りていた」

夜夜中 よる・よ・なか

「よる、よなか」と読む。「夜」を強調した言い方で、真夜中のことをいう。

〈用法〉
「用があれば二度だって三度だって来る。——だって叩き起さないとは限らない」夏目漱石『坊っちゃん』

暁闇 あかつき・やみ／あかとき・やみ／ぎょう・あん

明け方、月がなく、あたりが暗いこと。

〈用法〉
「——の中を、早馬に乗った侍が駆け抜けた」

夜の闇

暗く、深い夜を表現することば。また、夜にまつわる慣用句や、関連語も紹介。

夜直 や・ちょく

夜の宿直。夜に当番に当たること。「夜直鳥《よただどり》」は、ほととぎすの異名。

終夜 しゅう・や

夕方から明け方までずっと夜の間という意味。夜通し。一晩じゅう。夜もすがら。「終宵《しゅうしょう》」とも。

〈用法〉
「――、その僧侶はお経を唱え続けていた」

如法暗夜 にょ・ほう・あん・や

まったくの闇夜。まっくらやみのこと。「如法《にょほう》」は、仏の教え、仏法のこと。仏法を知らないようにこの世界が真っ暗であるということのたとえ。

〈用法〉
「――の世界のどこかに、美しい蓮の花が咲いていると思って歩くしかない」

暗夜の礫 あん・やーの・つぶて

「礫《つぶて》」は、「小さな石」。暗〈闇〉夜、つまりまったく暗い中、どこから飛んで来るか分からない小石で、不意に加えられる襲撃のこと。また、防ぎようがない恐ろしさのこと。さらに、当たるか当たらないか分からないことのたとえとしても使われる。

〈用法〉
「噂とは、――のようなもの」

小夜曲 さ・よ・きょく

ドイツ語の〝セレナーデ〟を日本語に訳したもの。恋人が夜、相手に歌ったり奏でたりした曲のこと。

夜襲 や・しゅう

夜、暗くなってから敵を襲うこと。

〈用法〉
「――を掛けようとしている敵を欺くために、こちらから仕掛けよう」

夕闇

夜が浅い時間帯を指すことば。薄暗く、だんだん闇が濃くなっていくような情景の描写に。

夕暗　ゆう・やみ

夕闇。「暗」は「闇」の同音異字。太陽が西に沈むのが早く、夕方には闇に包まれてしまい、月が上がらず、また上がっても新月で糸のように細く光の弱く、暗いこと。

〈用法〉
「月出れば出ゐつつ歎思へり。——（夕闇）には、物思《ものおも》はぬけしき也」『竹取物語』

宵闇　よい・やみ

月の出が遅くて、夕方が暗いこと。「二十日宵闇《はつかよいやみ》」は、陰暦二十日の宵の間は、月が出ないで闇になっていることをいう。

〈用法〉
「人通りの少ない——を歩きながら、遠くで鳴る太鼓の音を聞いた」

暮夜　ぼ・や

日が暮れて、夜になること。「暮」は、草の中に太陽が隠れて見えなくなること。

〈用法〉
「——、人がいなくなるのを見計らった」

かわたれ時　かわたれ-どき

漢字では「彼《か》は誰時《たれどき》」と書く。「彼」は自分に対して向こう側にいる人。その人が誰かはっきりわからないような時間。ふつう、夕暮れのことをいう。「たそがれ」は「誰《た》そ彼《かれ》」で、「かわたれ」と同じ意味。

暮色蒼然　ぼ・しょく・そう・ぜん

陽が沈んだ後に、薄く蒼い美しい空が広がっている様子。

〈用法〉
「屋上の上には——とした空が広がっていた」

五夜　ご・や

「五更《ごこう》」とも。一夜を五分した時刻の名称。初更《しょこう》（甲《こう》夜《や》）、二更《にこう》（乙《いつ》夜《や》）、三更《さんこう》（丙《へい》夜《や》）、四更《しこう》（丁《てい》夜《や》）、五更《ごこう》（戊《ぼ》夜《や》）の五つに分ける。季節によって変わるが、だいたい、現在でいう午後五時過ぎないし七時半から、順次おおよそ二時間ずつに区切った時刻に相当する。

宵の口　よい-の-くち

夕方になって、日光が射さなくなる時間のこと。「宵《よい》」は、もともと家の中に射し込んでくる陽の光が細くなってくることを意味する漢字。

〈用法〉
「福が寝急いで——から敷って置く臥床も今夜は見えず」二葉亭四迷『其面影』

蒼然 そう・ぜん

夕暮れの薄暗いこと、また古ぼけて何かよくわからないような状態になっていること。もともと「蒼」は、空のように青々としてがらんとして中身がないことを表す。

〈用法〉
「――とした夕暮れの中で、彼女は海を眺めていた」

未明《み・めい》

「まだ、空が明けていないこと」から「夜明け前」のことをいう。だいたい午前三時から四時ごろのこと。

〈用法〉
「本日――、日本海沖に、隕石が落下した」

降行く《くたち・ゆ-く》

もともとは「次第に傾いていくこと」、「衰えていくこと」を意味する。転じて「夜が更けていくこと」にも使う。

〈用法〉
「窓の外は――暗闇に包まれていた」

残夜《ざん・や》

まだ、夜が残っていること。夜明けに近い時間。だいたい四時から六時ごろのことをいう。

〈用法〉
「――に、冷たい色をした三日月が掛かっている」

可惜夜《あたらよ》

明けてしまうのが惜しい夜のこと。とくに通い婚であった奈良・平安の時代は、ふたりが一緒に寄り添って眠り、朝になったら別れて、男が帰らなければならなかったから。

深夜

闇が深い、夜遅い時間帯を指すことば。
時の経過とともに、夜の呼び名は異なっていく。

夜半

よ・わ／よ・なかば／や・はん

三種類の読み方がある。いずれも「夜」、「夜の真ん中、半分ごろ」、「真夜中」の意味。

〈用法〉
「風ふけばおきつしらなみたつた山――にや君がひとりこゆらん（風が吹けば、沖の白波が立つ竜田山を、この夜中にあなたはひとり寂しく超えているのだろうか）」『古今和歌集』

正子

しょう・し

午前零《れい》時。太陽が地平線下の子午線を通過する時刻をいう。十二支の子《ね》の刻に当たる。真夜中。反対語は「正午」。

深更

しん・こう

夜の厚みが、重なりあうように深夜に及ぶこと。「夜が更ける」とは真夜中になることをいう。「更」は、「幾重にも重なる」ということを表す漢字。

人定

じん・てい

もともとは「人によって定められること」、「人が定めること」をいう。ただ、〝人がふつうもう寝る時間〟と決めたことから、「亥《い》の刻《こく》」、現在の午後十時ごろをいう。人が寝静まるころ。

〈用法〉
「そろそろ――だから、子どもたちは寝たほうがいい」

黎旦

れい・たん

真っ暗な夜が明けること。「犂旦」とも書き、また「黎《れい》明《めい》」ともいう。「黎《れい》」は、植物の「キビ」の実のような「黒」、「犂《れい》」は「黒い色の牛」を表す。「旦」は、夜が明けること。

〈用法〉
「明日の――には、山小屋を出て、頂上を目指す」

明け暮れ

あ‐け・く‐れ

夜明けと夕暮れ。転じて、「毎日」の意味。日々の生活。

〈用法〉
「――、面倒を見てくれた乳母もいなくなってしまった」

草木も眠る丑三つ時

くさ・き‐も・ねむ‐る・うし・み‐つ・どき

そんな時間には、草木も眠っているという意味。転じて、真夜中のことをいう。「丑《うし》三《み》つ」とは、丑《うし》の刻《こく》をさらに四つに分けた第三刻。定時法では、おおよそ今の午前二時から二時半ごろ。不定時法では、おおよそ午前一時から二時ごろまで。江戸時代後半には、おおよそ午前二時から三時の間。

深山幽谷
しん・ざん・ゆう・こく

人里を離れた深い山と、どこまで底があるか分からない遥かに深い谷間。人気《ひとけ》のない奥深い山のこと。

鬱蒼
うっ・そう

「鬱」は、もともと、ある一定の場所に、閉じこめられたように草木が深く生い茂っていることを表す漢字。「蒼」も、同じく一定のところに草が繁茂して青々としていること。「鬱蒼」は、草木が甚《はなは》だしく生え繁っていることをいう。

木隠れ
こ・がく-れ

木の陰に身を隠すこと。木陰（同ページ参照）に隠れて姿が見えないこと。

蔚然たる
うつ・ぜん-たる

「蔚《うつ》」は、もともと草木がこんもりと茂ること。「蔚々《うつうつ》」は、心が覆われて暗くなること。「鬱《うつ》」と同じ意味で使われる。

〈用法〉

「――森の中に、その城は建っていた」

鬱然
うつ・ぜん

「鬱々」ともいう。草木が鬱蒼としている状態。また、心が悩みや苦しみに覆われていること。

夜禽
や・きん

夜行性の鳥のこと。フクロウやミミズク、ヨタカなど、夜になって活動する鳥をまとめていう。

朦々たる
もう・もう-たる

「朦《もう》」は、月の光がおぼろげで、茫然としていること。「濛濛《もうもう》」、「蒙蒙《もうもう》」とも書く。霧《きり》や小雨、煙、塵埃《じんあい》などであたりが薄暗く、暗いこと。心が暗く、物事の判断がうまくできないこと。また、意識が茫然としていること。

〈用法〉

「――現実の中で、本当に正しい道を歩くのは簡単ではない」

木陰
こ・かげ

木の陰。「庭《にわ》木《こ》蔭《かげ》」は、庭にある木が作る影のこと。

自然の闇

花や植物、水、炎、動物など、自然界の闇。
暗がりに棲む花鳥風月たちのことばは、
鬱々とした心情や、暗い心も表現できる。

花陰《はな・かげ》

咲いた花の影の部分。また花が咲いた木の下にできる影のこと。

陰裏《えい・り》

日の当たらない場所。物陰。

草隠れ《くさ・がく-れ》

草の中に身を隠すこと。「雉《きじ》の草隠《くさがく》れ」とは、雉《きじ》は草の中に隠れるとき、頭を隠して尾を出したままにするので、一部だけ隠してほかの部分が丸見えのことをいう。

陰野《かげ・の》

太陽の光が射さない野。山陰にある小さな平地のこと。

陰火《いん・か》

夜、墓地などで現れる鬼火のこと。燐が水と触れ合うことで燃え上がるもの。幽霊や妖怪などとともに現れるとされる。

濁浪《だく・ろう》

濁った波。大きな川が海に入るところは、往々にして海水が濁っている。そこでできる波のこと。

夕影草 夕陰草《ゆう・かげ・ぐさ》

夕方の光の中に浮かんで見える草。物陰にひっそりと生えている草のこと。また「松」の異名としても使われる。

春・夏の闇

四季ごとに異なる、夜や暗がりの表現。あたたかい季節の闇は、青々とした植物や、その影で表されることが多い。

柳陰　やなぎ・かげ

俳句などでは、春の季語として使われる。柳の新芽が美しく春の風にそよぐこと。また、味醂《みりん》と焼酎を混ぜて造った酒。冷たくして夏に飲む。

春宵　しゅん・しょう

春の夕べ、春の暮れ方。花が盛りのときに、月が朧《おぼろ》で美しく、心地がよい。

〈用法〉
「——一刻値千金《いっこくあたいせんきん》（春の夕べは素晴らしく、ひとときは千金にも値する）」蘇軾『春夜詩』

春闇　はる・やみ

月の出ない、春の夜の闇。俳句などでは、春の季語として使われる。見えない中にも、春の気配が感じられること。

〈用法〉
「——の中を、恋人が手を繋いで歩いていく」

闇の梅　やみ‐の・うめ

月が出ない春の夜に、甘酸っぱい梅の香りが漂うこと。桜の前に咲く梅の花は、初春を表す季語で、春の訪れを感じる。

五月闇

さ・つき・やみ

五月は、春から夏に季節が変わるころ。爽やかな五月晴れの日々に、月が上がらず暗い中に夏の訪れを感じることをいう。

君影草

きみ・かげ・そう

スズランの和名。俳句などでは夏の季語として使われる。初夏に咲く、白くかわいい花。

短夜

たん・や／みじか・よ

俳句などでは、夏の季語として使われる。夜が短いこと。また明けやすい夏の夜。俳句では、その語感から寂《せき》莫《ばく》感や無常を感じるものとして使われる。

夏日影

なつ・ひ・かげ

暑い夏の太陽の光のこと。日陰ではない。

青葉闇

あお・ば・やみ

夏、鬱蒼《うっそう》と茂った森に太陽の光が射さず、暗いこと。

下闇

くだり・やみ／した・やみ

「くだりやみ」は、陰暦で、月の下旬の闇夜のこと。「したやみ」は、木の枝が繁茂してその木蔭が暗いことをいう。夏の季語。読み方によって意味を異にすることに注意が必要。

陰涼し

かげ・すず-し

暑い夏の日、日陰に入ると涼しく感じること。とくに俳句などで使われる。

片陰

かた・かげ

ものの一方が陰になっていること。陽の光が当たらない所、また人目の届かないところをいう。俳句では、暑い夏の午後の日陰を指す、夏の季語として使われる。

虫時雨　むし・しぐれ

コオロギやスズムシなどが、断続的に鳴くこと。「時雨《しぐれ》」は、秋から初冬にかけて、降ったり止んだりする小雨のこと。

水影草　みず・かげ・そう／みず・かげ・ぐさ

『万葉集』にも詠われる稲の別名。稲は秋に収穫される。もともとは水の辺に生える草をいったもので、水田に生えた稲のこと。

〈用法〉
「天の河――（水陰草）の秋風になびくを見れば時は来にけり（天の川で生えた草が、秋の風になびいているのを見ると、やっと織姫と彦星が会える日がやってきたと感じる）」『万葉集』

長夜　ちょう・や／なが・よ

ふつう、秋、冬の長い夜のこと。日が暮れてから、夜明けまでの暗い時間が長いこと。「永夜《えいや》」ともいう。「長夜の宴」、「長夜の飲」は、夜通し、お酒を飲んで宴会を開くこと。

釣瓶落とし　つる・べ・お-とし

「釣瓶《つるべ》」は、井戸の水を汲むために使った桶《おけ》。紐が付いていて、それを井戸の底に投げ入れる。まるで釣瓶が落ちるように、あっという間に太陽が西に沈むこと。秋から冬の夕方の天文現象。

秋陰　しゅう・いん

秋の曇《くも》った天気のこと。春の曇空《くもりぞら》は「春陰《しゅんいん》」という。対で覚えておくとよい。

秋・冬の闇

寒い季節は、
よく冴え冴えとした影で表される。
秋から冬にかけての、底深い闇の表現。

除夜 じょ・や

大晦日の夜のこと。「除夕《じょせき》」ともいう。一年間いた神様が、時によって払い除けられることからこのような名前が付けられた。「除夜の鐘」などということばで使われる。

影冴ゆる かげ・さ-ゆる

冬のしんしんと冷え込む夜に、影が鋭く澄んで見えること。

寒影 かん・えい

冬、影が、冷たく光って見えること。

霜夜 しも・よ

霜が降りる冬の夜。俳句などでは冬の季語として使われる。

〈用法〉

「蛩《きりぎりす》 鳴くや——のさむしろに衣かたしきひとりかもねん」藤原良経『新古今和歌集』

影氷る かげ・こお-る

寒くて、影が凍るように冷たく見えること。主に俳句などで冬の季語として使われる。

空の闇

暗い空模様を表すことば。雨や嵐など荒れた天候や、転じて物事がうまくいかなかったり、不吉な場面にも登場する。

曇天　どん・てん

曇《くも》り空のこと。「曇」は、お日さまが雲に隠されているということを書いた漢字。

〈用法〉
「或生温《あるなまあたたか》い――の午後」芥川龍之介『河童』

暮雨　ぼ・う

夕方に降る雨。「朝雲暮雨《ちょううんぼう》」という四字熟語で使われることもある。これは「朝の雲、夕暮れの雨」という意味であるが、同時に、中国の故事では、男女の堅い契《ちぎ》りを意味する。

盈虚　えい・きょ

月の満ち欠けのこと。「盈《えい》虧《き》」ともいう。「盈《えい》」は、「満ちること」を意味する漢字。「虚《きょ》」は、うつろに失われること。

暗雲　あん・うん

急に空が黒い雲に覆われること。今にも雨を降らせそうな黒雲。また、危険や不穏なことが起こりそうなこと、さらに苦しみや悩みなどをたとえてもいう。「暗雲《あんうん》低迷《ていめい》」という四字熟語で使われる。

陰雲　いん・うん

影のように空を覆う雲のこと。「雨雲」のこと。また、心を暗くすることにもたとえて使う。

日食　にっ・しょく／にち・じき／にっ・き

「にっしょく」は、月が太陽と地球の間に来て、太陽が月に隠される天文現象。「にちじき」は、1日の食べ物、食糧のこと。さらに「にっき」は、その日、その日の食べ物のこと。読み方によって意味が変わる。

淫雨　いん・う

いつまでも降り続く雨のこと。「長雨《ながあめ》」、「霖雨《りんう》」などともいう。しとしとと降り続く雨。

煙雨　えん・う

煙るように降る雨。ふつう霧雨など細い粒の雨をいう。「細雨」、「糠雨」など。

晩霞　ばん・か

夕方になって山や海にかかる霞。「暮霞《ぼか》」などともいう。また、夕焼けをこのように呼ぶ。

暮靄　ぼ・あい

夕方、日が暮れるころになって、景色がぼんやりとすること。

白雨　はく・う

雲が薄く明るいときに降る雨。「にわかあめ」、「狐の嫁入り」などともいう。

黒雲　こく・うん／くろ・くも

真っ黒い雨に白い雨。不吉なことが起こる予兆とも考えられた。

夜雨　や・う／よ・さめ

夜の雨。夜中に降る雨。

夕立　ゆう・だち

夕方、暮れ方になって、急に風や雲が起こること。また、夏、急に積乱雲《せきらんうん》が起こり、短時間に激しい雨が降ること。往々にして雷などとともに降る。「夕立《ゆうだち》雨」とも書く。

小夜時雨　さ・よ・しぐれ

夜中に、降ったり止んだりが続く雨のこと。「小夜《さよ》」は、「夜」のこと。「時雨《しぐれ》」は、断続的に降る雨。

小夜嵐　さ・よ・あらし

夜に、山から吹き下りる大風、大雨のこと。

あの世

死後の世界を指すことば。人々の宗教観や死生観が絡み合い、ことばが天国や地獄の姿を巧みに浮かび上がらせる。

黄泉比良坂《よもつひらさか》

日本の神話で、生きている人と死んだ人の境目にあるとされる坂。古代人は、「坂」を、世界を異にする境界線だと考えていた。

冥府《めい・ふ》

「府」は、もともとものをびっしりと詰めた蔵のこと。「冥府《めいふ》」は「よく見えないものがびっしりと詰まったところ」という意味で、霊魂がより集まった場所、つまり「あの世」のことをいう。

黄泉《よ・み》

「黄」は、古代中国では「地」を指す。地が泉のように湧くようなところという意味で、地面の下の世界をいう。仏教では地獄のことをいうが、日本では「極楽」、「地獄」いずれにも使う。

彼の世《か-の-よ》

「あの世」のこと。坂や川、海など、地理的にこちら側と向こう側を分けているところを指してもいう。「彼岸《ひがん》」（→127ページ参照）ともいう。

才太郎畑《さい・た・ら・ばたけ》

地獄と極楽の間にある、中途半端な場所という意味。また人がどちらにしようかと迷って中途半端な状態にいることについてもいう。

冥途《めい・ど》

「冥土」とも書く。死後、死者の霊魂が辿る道。「途」は、長くどこまでも続く道のことを表す。所々に関所があって、門番がその人の行き先を決めるともいわれる。「冥路《めいろ》」とも。

奈落《な・らく》

もともとは、サンスクリット語で「地獄」を意味する「ナラカ」を漢訳したもの。地獄、あるいは地獄に落ちることをいう。また、地獄は地の底に考えられたので、「物事のどん底」や「最終地点」という意味でも使われる。

〈用法〉

「――の底から這い上がった人は、迫力が違う」

常夜の国《とこ・よ-の・くに》

ずっと夜のように真っ暗である国ということで、暗闇の世界のこと。我々の眼には見ることができない世界という意味で、「あの世」、「死後の世界」のことをいう。「常世の国」とも。

限りの旅
かぎ－りの・たび

決してもう二度と会うことができない旅という意味で、死後に、人の魂が出掛ける旅のこと。「冥途《めいど》」、「冥路《めいろ》」と同じ意味で使われる。

冥界
めい・かい／みょう・かい

もともと仏教用語で地獄のことをいう。死後の世界。

〈用法〉

「――から甦った獣」

根堅州国
ねのかたすくに

植物の根が固く張った地底の奥、また海の彼方など、我々がいるところからは遠く離れて見えないところ、つまり死後の世界をいう。

九原
きゅう・げん

「墓場」、「墓地」、「死後の世界」をいう。また「九泉《きゅうせん》」とも。「九」は、長くクネクネ曲がった道の涯を表すとも、また何層にも重なった地の底を表すともいわれる。

沖つ国
おき－つ－くに

遥《はる》か彼方の沖の方にある国という意味で、こちらから見えない遠いあの世のこと。

幽界
ゆう・かい

「幽」は、微かで見えないこと。転じて、死後に行く世界のこと。

又の世
また－の－よ

来世のこと。「またのしょう」ともいう。

後生
ご・しょう

仏教で、現世を「今生《こんじょう》」というのに対して、死後に住む世界、あるいは再び輪廻《りんね》して生まれ変わってくる次の世界のこと。

彼岸
ひ・がん

「彼《か》の世《よ》（→126ページ参照）」参照。

極楽浄土
ごく・らく・じょう・ど

仏教で、阿弥陀仏《あみだぶつ》がいる浄土《じょうど》とされる。一切の穢《けが》れ苦しみ、患《わずら》いを離れた安楽の世界。

死

人の死にまつわることば。婉曲な表現から故事成語まで、日本ほど死を表すことばが多様な国も少ない。

白玉楼中

はく・ぎょく・ろう・ちゅう

中国、中唐の時代の詩人・李賀《りが》の詩に、文人墨客《ぶんじんぼっかく》が亡くなると、魂が「白玉《はくぎょく》楼《ろう》」という楼閣《ろうかく》に行くと書かれる故事によって、とくに小説家、詩人、書家、画家などが亡くなったことをいう。

〈用法〉
「作家は百歳まで小説を発表して――の客となった」

泉下の客

せん・か-の・きゃく

「泉」は「黄泉《よみ》」の略。黄泉の国は地下にあるとされることから「泉下」と書かれる。人は亡くなると、客となって泉下に行くという。

〈用法〉
「今は二子とも――となれり」大田南畝『南畝莠言』

円寂

えん・じゃく

仏教用語で、サンスクリット語の漢訳語。「般涅槃《はつねはん》」とも訳される。「般《はつ》」は「完全」を意味し、これが「円」という漢字で表される。煩悩を滅して知恵を完全に体得した境地をいう。また、僧侶が亡くなることについてもいう。

〈用法〉
「その僧は、にわかに病を得て――した」

身罷る

み・まか-る

生きる力を失って、人が亡くなってしまうこと。「罷」は、力がある人が、網に掛かったように動けなくなり、力が尽きて疲れ死んでしまうこと。

〈用法〉
「いもうとの――(身罷り)にける時よみける」『古今和歌集』

召天

しょう・てん

天上の世界に召されること。この穢《けが》れた世界から、天上にある極楽浄土(↓127ページ参照)に召されること。とくにキリスト教などで使われる。

御隠れになる

お・かく-れになる

身分の高い人や目上の人が亡くなること。

〈用法〉
「奥様が――(になって)から、殿様のお召遣《めしつか》ひになって居(ゐ)るうちに」三遊亭円朝『怪談牡丹燈籠』

一巻の終わり

いっ・かん-の・お-わり

活動弁士《かつどうべんし》(無声映画のかたわらで内容を解説する者)が使ったセリフで、映画上映の終わりに言う。人の一生を、映画のリール一巻だと思えば、リール一巻の話が終わるところで「一生が終わる」ということから、人生の終わりをこう表す。

〈用法〉
「風邪なんかひきこんだら――だぞ」辻邦生『秋の朝 光のなかで』

入定　にゅう・じょう

高僧の死をいう。仏教用語。心を集中させて、無我の境地に入ることをいうが、高僧はそのような意識の状態で亡くなることから、このようにいう。

〈用法〉
「(弘法)大師の御——の様を覗き見奉《たてまつ》らせ給《たま》へば、御髪青やかにて」(弘法大師がお亡くなりになった様子を見差し上げあそばせば、髪は青々として美しく)『栄花物語』

お陀仏　おーだ・ぶつ

「阿弥陀仏《あみだぶつ》」、「阿弥陀如来《あみだにょらい》」がいる極楽浄土《ごくらくじょうど》(↓127ページ参照)に行ったということを表すことば。時代劇などでは、「仏になった」ということばでも使われる。

〈用法〉
「あれが頭へ当りゃア直《すぐ》に——だ」三遊亭円朝『真景累ケ淵』

神去る　かみ・さーる

「神退る」とも書く。天皇、貴族など、高貴な位にいる人が亡くなることをいう。「崩御《ほうぎょ》」、「薨去《こうきょ》」ともいう。また、神通力《じんつうりき》を持っている仙人などが飛び去ることについても使う。

〈用法〉
「前天皇が——られた年は、暗い空気が日本中を覆っていた」

往生　おう・じょう

現世から、極楽浄土(↓127ページ参照)に往くこと。また、現世で、阿弥陀如来《あみだにょらい》の本願を知り、真実不虚《しんじつふこ》(一切の苦しみがなく、真実にしていつわりがないこと)の信心を得ること。

〈用法〉
「善人なおもって——を遂《と》ぐ、いわんや悪人をや」親鸞『歎異抄』

遷化　せんか／せんげ

もともとは遷《うつ》り、変わること。居る場所を移すことから、死ぬことを表す。とくに高僧や隠者が亡くなること。「遷《せん》」と「蝉《せん》」の発音が同じことから、「蝉化《せんか》」ともいう。蝉は地中に長くいて、再びこの世に現れることから、「復活」の象徴と考えられた。

闇纏う人

闇が深い人を指すことば。ふつうではない人の形容や、敵役、悪党の表現にも使える。

妄信　もう・しん

宗教や考え方などを一心不乱に信じて、ほかのことが見えなくなって精神が常軌《じょうき》を逸《いっ》した状態になること。「妄」は、異性に心を奪われた人のように、まったく周りや自分がしていることが見えなくなること。

〈用法〉
「――といっていいほどに宗教に溺れた男は、全財産をその教祖に注ぎ込んだ」

異様　い・よう

「異」という漢字は、もともと「人に似ている、大きな頭のサル」を意味する。「同じではない」、「あやしい」、「不審な」、「不思議な」という意味で、「異様」とは、感覚的になにか嫌な感じがする不自然なものをいう。様子が変なこと。

〈用法〉
「――な目つきでずっと私を見ている」

廃人　はい・じん

「廃」は、「古くなった家が弾けるようにして壊れてしまう」ことを意味する漢字。「廃人」は、病気や怪我などの損傷で、通常の生活ができなくなってしまった人のこと。

退廃　たい・はい

衰えて、崩れ、荒れ果てること。「退」は、足が止まって先に進むことができないこと。また下がって、小さくなって低くなっていくことを表す。「頽廃」とも書く。

〈用法〉
「睡眠薬――であった川端康成は、寝起きの分からない状態で原稿用紙に向かっていた」

中毒者　ちゅう・どく・しゃ

「中毒」は「毒に中《あた》る」と読む。生体が、毒に冒されてしまうこと、また毒に中《あた》って身体に機能障害を持つ人や、麻薬や酒、たばこなどに冒されてそれを常習する人。「中毒患者」ともいう。

夢遊病者　む・ゆう・びょう・しゃ

意識がなく、夢を見た状態で歩き回る人。

〈用法〉
「毎晩、――のように夜の街を歩いた」

猟奇《りょう・き》

異常でふつうでないものを求めあさること。「猟」は、「狩りをすること」、「あさること」。「奇」は「奇妙」、「奇抜」などのことばがあるように、「あやしく不思議なこと」、「ふつうではなく、めずらしいこと」を意味する。

〈用法〉
「――的な趣味を持った人たちが集まる、古い病院があった」

屈折《くっ・せつ》

曲げて折ること、また屈服させること。素直でないこと。「屈」は、「お尻」を外側に「出」していることを表す漢字で、背中が曲がっていること。「折」は、木などを、「扌(手)」で持った「斤(斧)」で切ること。

〈用法〉
「彼の――した性格は、幼児期の体験が創り出したものだろう」

変質的《へん・しつ・てき》

もともとは、あるものの性質、ある物質が変化すること。また、人が、ふつうとは異なる病的な性格を持っていたり、精神、気質、性格などが異常であったりすること。

〈用法〉
「――な性格を持っていたからだろう、その人と付き合う人はいなかった」

虚ろ

人物・場面

思案や知識がなく、空っぽな状態。転じて、嘘いつわりや、浮かない心情を表すことも多い。

虚々実々
きょ・きょ・じつ・じつ

嘘と真実が入り乱れて、よく分からない状態で腹を読みあう。計略、秘術を尽くして渡り合うこと。

虚栄
きょ・えい

実際は実態も何もないのに、まるで栄え茂っているかのように見せかけること。

〈用法〉
「――を張っても、ことば遣いや行動で化けの皮がはがれる」

虚勢
きょ・せい

実際には、力がないにもかかわらず、まるで力があるかのように勢いだけがよいこと。

〈用法〉
「――を張っても、実際には役に立たない」

虚妄
きょ・もう

根拠や理由がないこと。事実でないこと。また迷信や迷い。実際には何もないことを妄《みだ》りに信じること。

〈用法〉
「絶望の――なること、まさに希望に相《あ》い等《ひと》しい」魯迅

空事
そら・ごと

嘘いつわり。「絵空事《えそらごと》」とも。すべてが虚しいこと。中身がなく、まるで絵に描いたもののような状態であること。

〈用法〉
「できもしない――をいうばかりで、行動に移すことができない人が多い」

虚像
きょ・ぞう

もともとは、物理学の用語。現在は、あるものの実態とはまったく異なるイメージで、伝説や噂などによって作り出された人物の評価について多く使われる。

〈用法〉
「素晴らしいと語られた偉人は、よく調べると、それが――だったとわかることが少なくない」

虚空
こ・くう

実態が何もなく虚しいこと。また「大空」のこと。洞窟のような、虚しくぽっかりと空いた空間のことも指す。

〈用法〉
「――に向かって、ぼくは、愛する人の名前を叫んだ」

虚無
きょ・む

中に何もなく、空虚《くうきょ》（↓133ページ参照）で、虚しいこと。また、心が何ものにも囚われず、わだかまりがないこと。「虚」は、もともと地面が凹んでいることを意味する。凹んで真ん中が空洞になっていること。

〈用法〉
「――のうちに月日が経った」

空虚《くう・きょ》

中になにもなく、ぽっかりと虚しいこと。「空」は、「穴」という漢字が見えるように、ぽっかりと穴が開いたような状態をいう。

〈用法〉

「——とはこのようなことをいうのかと、妻が突然出て行って感じた」

暗い心情

迷いや困惑、不明瞭な鬱々とした心情を描き出すことば。転じて、〝暗さ〟は愚かな人の呼称にも使われる。

暗晦《あん・かい》

くらくて、よく分からないこと。また、比喩的に「無《む》知蒙昧《ちもうまい》（知恵や学がなく愚か）」であるという意味でも使われる。「晦暗」とも。「晦」は、「太陽」を意味する「日」と、「目がよく見えないこと」を意味する「毎」が合わさって作られた漢字で、「まわりに光がなく、よく分からない」こと。

〈用法〉「私はこの分野に——で、答えを出すことはできなかった」

無闇《む・やみ》

正しいこと、正しくないことを分別できないこと。後先を考えないこと。また度を越すことにも使われる。もともと「無理」といって、「道理が分からない」ことを意味したことばが、「むやみ」といわれるようになり、漢字で「無闇（暗）」と書かれるようになった。

〈用法〉「——に探しても見つからないだろう」

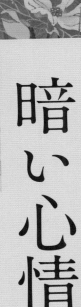

靉靆たる
あい・たい-たる

雲が集まって厚くなったまま暗くなること。また気持ちや人の表情が暗くなることにも使う。「靉」は、「雲」と「愛」が合成されて作られた漢字。「愛」は、滞って先に進めない状態を表し、「靉」は、雲が動かずに空を覆っていることを意味する。また「靆」の「逮」は、どんどん迫って来て深く厚くなることを表す。

〈用法〉
「彼の――表情を見ていたら、行く末が不安になった」

愚闇
ぐ・あん

愚かで、物事の道理に暗いこと。「暗愚《あんぐ》」とも。

闇然
あん・ぜん

暗いこと。また悲しく、苦しくて心が塞いでしまうこと。「然」は、「そうである」ということを強調することば。「暗然」、「黯然」とも書く。

〈用法〉
「――たる思いになる」

陰々滅々
いん・いん・めつ・めつ

火が消えて、真っ暗闇になることから、雰囲気や気分などが暗くなってしまうことをいう。「滅」は、もともと「刃物で火種を切り取って、火を消すこと」を意味する。

〈用法〉
「――、何の解決策も得られないまま討論は終了した」

暗弱
あん・じゃく

「闇弱」とも。物事の道理に暗くて「暗愚《あんぐ》（愚か）」であること。また気持ちが弱くて、しっかりとした決断をすることができないこと。とくに君主や国王、組織の長など、トップに立つ人が愚かで気が弱いときに使う。

〈用法〉
「――な国王の戴冠には、反対だ」

恋の闇路
こい-の・やみ・じ

「恋は盲目《もうもく》」ということばと同じで、人は恋をすると、理性を失って愚かになり、物事の道理をわきまえなくなることをいう。

〈用法〉
「――に足を踏み入れたのか、彼女は男と駆け落ちをした」

闇の現
やみ-の・うつつ

「現」は「うつつ」と読む。「現実」あるいは「正気」のこと。暗い闇のように、先が見えないままの現実。また心が乱れているときに、わずかに残っている常識。

〈用法〉
「――の中でも愛さえ感じられれば、人はまっすぐに生きてゆける」

闇穴
あん・けつ

暗い穴。洞窟のこと。とくにトンネルのようなものを「暗穴道《あんけつどう》」と書いたりもする。また人を罵ることばとして「この、闇穴！」などということばでも使われた。

〈用法〉
「――の中で名を叫ぶと、友は怖がって走り出した」

深淵　しん・えん

「淵」は、もともと滝壺のように水が深いところに落ちて行く崖を表す。「深潭（同ページ参照）」ともいい、川などの深いところ。また非常に深い部分。ここから物事の奥深いこと、精神的な深さなどにも使う。

〈用法〉
「——なる奥義を身につけた」

淵底　えん・てい

深い淵の底、深い水底。また物事の究極のところ。学問などの深いところを極めること。「ふかく」、「詳しく」という意味でも使われる。「淵底《えんてい》に玉《たま》を拾う」とは、物事を究極まで極めるという意味で使われる慣用句。また「雲外淵底《うんがいえんてい》」とは、遠く離れた遠隔の地のことをいう。

〈用法〉
「学問の——を極める」

筐底　きょう・てい

原稿などを仕舞っておく箱の底のこと。「筐」は、もと、竹で編んで作った箱のこと。主に、手紙や原稿などを入れる目的で作られたもの。

〈用法〉
「——よりこの詩を出して補削を施し」与謝野鉄幹『日本を去る歌』

窅然　よう・ぜん

深くてよく分からないことをいう。「窅」は、深く暗い穴の中に目を向けても何も見えないように、どこまで深いものかさえ分からないということを意味する漢字。

〈用法〉
「そんな難しい理論を聞いても、——とするばかりだ」

深潭　しん・たん

「潭」は、深く水を湛えた淵をいう。「深潭」は、精神などの深い部分。また「秘儀」、「奥義」などについてもたとえて使う。

〈用法〉
「——から襲ってくる鮫の餌食になった」

九皐　きゅう・こう

幾重にも曲がりくねって続く奥深い川の淵源。物事の深遠さをたとえていう。「鶴、九皐《きゅうこう》に鳴き、声、天に聞こゆ」（『詩経』）ということばがある。これは、鶴は深い沢辺で鳴いても、遠くまでその声が達す。賢者は隠遁《いんとん》していても、人が皆知っているという意味で使われる。

深みに嵌まる

闇の深い奥底、転じて、
物事や場所の深みを表現できる。
深さは〝何かを識り極める〟という
意味の場合もあれば、
〝判然としない〟という
反対の意味の場合もある。

落ちる

次第に物事が悪く転じていく状況や、身を外し、崩れ落ちていく描写に。光の届かぬ奥深くに踏み入ることば。

墜落 つい・らく

「墜」は、もともと山の土が、一気にドスンと落ちることを意味する。急に思いがけず、重いものが落ちること。また「落」は、植物の葉が、パラリと落ちること。「墜落」は、高いところにあるものが、突然、下に落ちることをいう。また、たとえて、盛んな状態のものが、急激に衰微《すいび》したり、没落したりすることにも使われる。

〈用法〉
「全盛の頂上から一時に——してロシアに逃げ延び」寺田寅彦『春寒』

堕落 だ・らく

「堕」は、もともと盛り土が崩れ落ちることを表す漢字。「堕落」は、グズグズになって壊れ去ること。失敗すること。また道徳的、宗教的な道から外れて、身を持ち崩すことをいう。さらに、品行が悪くなって、正しい生活ができなくなること。

〈用法〉
「奥さん近頃は女学生が——したの何だのと八釜敷《やかましく》云《い》ひますがね」夏目漱石『吾輩は猫である』

放蕩 ほう・とう

外的な要因によって、自分が放埒《ほうらつ》になってしまうこと。とくに酒や女遊びなどに耽《ふけ》って品行が定まらず、身を持ち崩すこと。「蕩」は、もともと大水で草木が揺れ動くことを表す。

〈用法〉
「次第に人の心——になりゆき、毒と知て是《これ》を食す」『根無草』

最奥 さい・おう

もっとも奥にあること。奥深いところ、心の秘密、心の底に抱く深い望みなどについてもいう。

どん底 どん-ぞこ

「どん」は接頭語で、「とっても」、「もっとも」などの意味を表す。もっとも深い底。また最悪の状態、物事の本質や物事の極致《きょくち》についても使う。

〈用法〉
「この不景気の——から江戸を救はうとする」島崎藤村『夜明け前』

腐敗 ふ・はい

「腐」は、「肉」の形が崩れるようになってくさること。精神的に堕落すること。「腐敗堕落」などともいい、精神が健全な状態を保つことができず、身を持ち崩すこと。

〈用法〉
「軍部の——堕落が、戦争を悲惨にしたという批判は消えない」

頽廃　たい・はい

「退廃」とも書く。「頽」は、頭髪が崩れ落ちること。衰えて、形がなくなること。道徳や倫理観、風紀が乱れ、不健全になること。

〈用法〉
「――した時代の中で生まれた男」

淪落　りん・らく

「淪」は、水が染み込むように、次第にボロボロになって崩れていくこと。落ちぶれること。また「沈淪《ちんりん》」ともいう。

〈用法〉
「――のどん底に落ちた友人を、なんとか救いたい想いがあっただけだ」

零落　れい・らく

雫《しずく》のように、突然、ぽつんと落ちること。また草木が枯れて散り去ること。落ちぶれて貧しくなること。土地や建物が荒廃すること。人が死ぬことにも使う。

〈用法〉
「戦に負けた源氏は、運衰へて諸国に――した」

戦い・争い

戦の描写にはもちろん、宿敵同士の表現にも。戦局を表すほか、物事を成し遂げようとするときの状況を表すことばも多い。

太刀打ち

た・ち・うーち

もともとは「太刀《たち》」、つまり長大な刀で斬り合うことをいう。刀は刃を上に向けて挿すが、太刀は反対に刃を下に向けて挿す。「太刀打ち」ということばは、今は打ち消しの表現を付けて「太刀打ちができない」、相手が強くてとても敵わない、勝負にならないという意味で使われる。

〈用法〉
「プロには、とてもではないが——できない」

相見える

あい・まみーえる

「まみえる」は、「会う」、「顔を合わせる」の意味。「相見える」の「相」は、接頭語で意味はないが、互いに顔を合わせるという意味で使われる。

熱戦

ねっ・せん

激しく戦うこと。熱の籠もった激しい試合や勝負をいう。

〈用法〉
「この——は引き分けで終わるのか」

卍巴

まんじ・どもえ

卍《まんじ》や巴《ともえ》の模様のように、追い掛け合うような形で、入り乱れて戦うこと。また混戦している様子をいう。

〈用法〉
「かくて元禄《げんろく》十五年極月《ごくげつ》の十四日、——と降りつもる雪や仇《あだ》なる吉良邸《きらてい》へ討入《うちい》り、怨敵《おんてき》上野介のしるしを挙げたという」安藤鶴夫『巷談本牧亭』

竜虎

りゅう・こ

「龍虎」とも。竜と虎。どちらも英雄や豪傑《ごうけつ》など、非常に力の強い者をたとえていう。そうしたものが互いに力を競い合うこと。「竜虎《りゅうこ》相《あ》い打《う》つ」などとも使われる。

〈用法〉
「その戦いは——相い打つもので、固唾を飲んで見守った」

雌雄を決す

し・ゆうーを・けっーす

「雌雄」は、「弱いこと」と「強いこと」、「負け」と「勝ち」をいう。「雌雄を決す」とは、戦って勝敗を決めること。

〈用法〉
「同族を糾合《きゅうごう》して二本足の先生と——しやう抔《など》と云《い》ふ量見《りょうけん》は昨今《さっこん》の所毛頭《もうとう》ない」夏目漱石『吾輩は猫である』

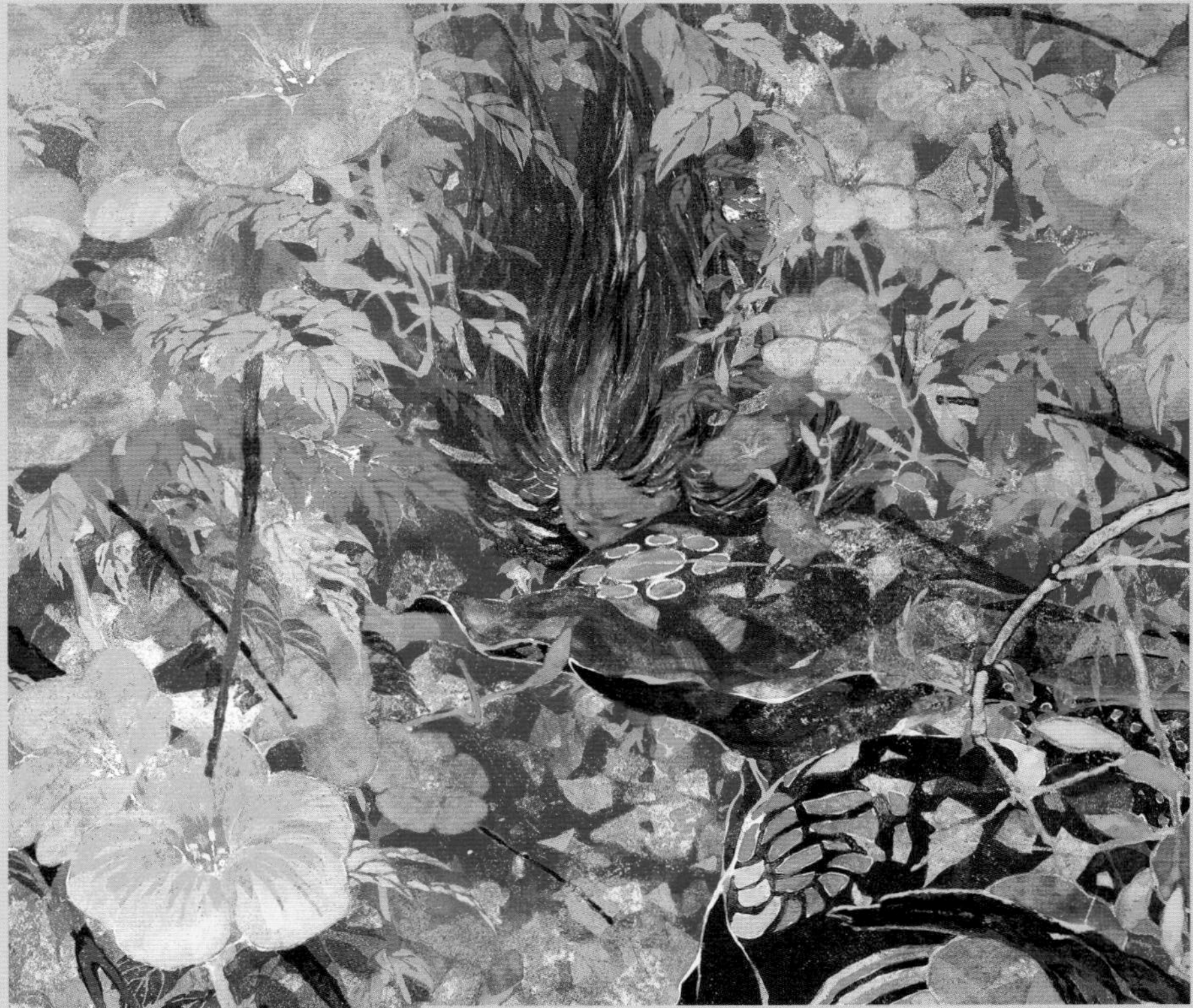

渡り合う

わたーり・あーう

もともと、ある場所で出会って、一緒にある出来事に巡り会うという意味で使われたことば。ここから相手になって斬り合い、応戦するという意味になった。明治以降は、互いに激しく議論を戦わせるという意味に変化した。

〈用法〉
「大喧嘩が始まり、ドスとスコップとで——て、人死にがあった」
内田百閒『続百鬼園随筆』

伯仲

はく・ちゅう

もともと「伯」は「長男」、「仲」は「次男」を意味する漢字。「兄と弟」という意味が、「優劣がなく、力が拮抗《きっこう》（↓左項参照）していること」という意味で使われる。「匹敵《ひってき》」ともいう。

〈用法〉
「——した試合を見て飲むビールはおいしい」

拮抗

きっ・こう

能力が相手とほぼ等しく、対抗して優劣がないくらいに緊迫していること。「拮」は、締め付けること、引き締めることを意味する。「抗」は、相手と対等に張り合うこと、また相手に逆らうこと。

〈用法〉
「未だ此点《ここ》に於《おい》て外国と——する事が出来んのである」夏目漱石『吾輩は猫である』

後朝 きぬ・ぎぬ

「衣々」とも書く。男女が共寝をして、二人の衣を重ねて着ていたのを、朝が来て分かれる時間になると、それぞれが自分の衣を身につけて別れたことから。「後朝」と書くのは、共寝をした「後」、「翌朝」に別れることから。「後朝の別れ」ということばで使われる。

〈用法〉
「風の音もいとあらましく霜ふかきあか月にをのが――もひややかになりたる心地して」（風の音も荒々しく霜深い暁《あかつき》に互いの衣も冷えた気がして）『源氏物語』

破鏡 は・きょう

もともとは、「壊れた鏡」という意味。昔の鏡は青銅で作られていた。離れて別れ別れになって暮らさなければならなくなった夫婦が、鏡を割って、それぞれの一片を持ち、愛情の証として持っていたが、妻が不貞を働いたために、その一片がカササギとなって夫の元に戻る。それを知った夫が、妻と離縁をしたという『神異経《しんいきょう》』の話にもとづき、「離婚すること」をいう。

惜別 せき・べつ

「惜」は、「心」と「昔」で作られる。「昔」は、過ぎ去った日に、さまざまな思いを抱くこと。「惜別」とは、思い出を胸に、別れを残念に思うことをいう。

痛惜の別れ つう・せき-の・わか-れ

ひどく哀しみ惜しみながら別れること。とても残念に思いながら離れればなれになること。「愛惜《あいせき》の別れ」ともいう。

袂を分かつ たもと-を・わ-かつ

「袂《たもと》」は着物の袖の下にある袋の部分。ここには魂が宿ると信じられ、袂を振ると、相手の魂を呼びとめることができるといわれていた。「袂を分かつ」とは、この「魂」と別れること、今まで一緒だった人と関係を断つこと。

〈用法〉
「親友だったふたりは主張を異にして、――」

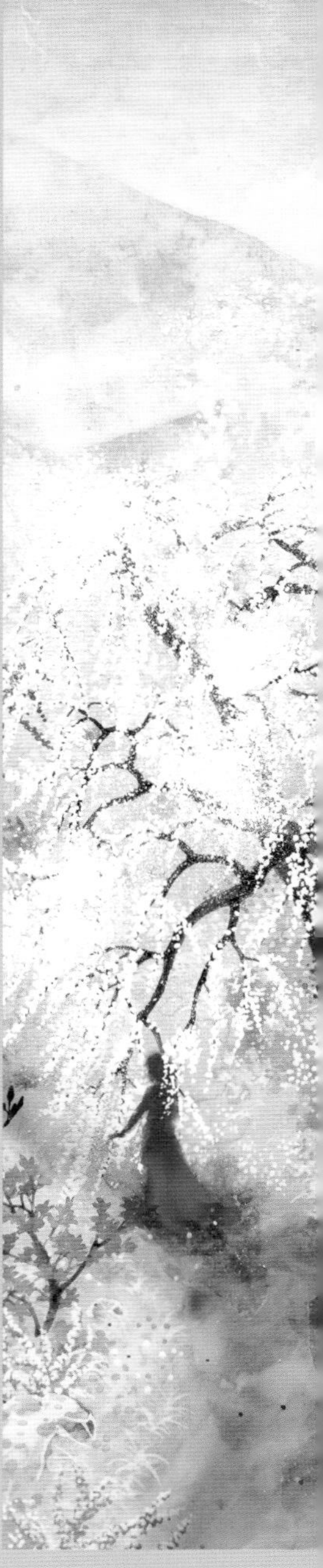

別れ

恋人同士の離縁から、
肉親や友との耐え難い別れまで、
愛憎渦巻く場面を
鮮やかに描き出す日本語。

引導を渡す《いん・どう・を・わた・す》

「引導」とは、亡くなった人を葬るときに、僧侶が、その人の魂が迷わず極楽浄土に行けるように唱える経文や法語。「引導を渡す」ということばは、転じて、相手に教え諭すこと、また縁を切るという意味で使われる。

〈用法〉
「津田は最後の——より外に途《みち》がなくなった」夏目漱石『明暗』

餞別《せん・べつ》

「餞」は、旅立つ人を送って郊外まで一緒に行き、宴会をして飲食をともにして送ることを表す漢字。転じて、旅行などに行く人に、お金などを渡すことをいうようになった。「はなむけ」ともいう。

〈用法〉
「彼はお栄への——の品を見る為《た》めに銀座の方へ行った」志賀直哉『暗夜行路』

生き別れ《い・き・わか・れ》

「別」は、関節の部分で肉と骨を分けることを意味する漢字。「生き別れ」は、互いに生きていながら、もう二度と会えないこと。

〈用法〉
「あの人は五つの時に母親と、——をしたんだそうだ」長谷川伸『瞼の母』

いとま乞い《いとま・ご・い》

漢字では「暇乞《いとまご》い」と書く。もともとは「ひま」、つまり自由な時間を願い出ること。転じて、別れの挨拶をすること、別れを告げることをいう。

〈用法〉
「あれはただの訪問でもなくて、この世の——であったのだと気がついた」島崎藤村『食堂』

闇《あん》を以《もっ》て疵《きず》を見《み》る

暗いところから明るいところを見れば、よく見える。自分の身を人から窺《うかが》われないように晦《くら》まして、その立場から人を見ると相手の欠点がはっきり見える。もと主君《しゅくん》が臣下《しんか》を察する道を説いたことば。出典は、『韓非《かんぴ》子《し》』。

問《と》うに答《こた》えの闇《やみ》あらぬ

物事はなんでもたずねてみるべきで、全く役に立たない答えというものはない。必ず聞けば聞いただけの価値がある。

十九《じゅうく》立《た》ち待《ま》ち、二十日《はつか》宵闇《よいやみ》

〝女の花〟ともいわれる十九歳もたちまち過ぎてしまって、二〇歳になると、もう人にちやほや、もてはやされる望みもなくなる、という表現。娘盛りの短いこと。月の出で、陰暦一七日の月を立《た》ち待《ま》ち月《づき》、一六日から二〇日ごろの月を宵闇《よいやみ》というので、「立ち待ち」を「忽《たちま》ち」にかけ、「宵闇《よいやみ》」を希望のないさまにたとえていう。

闇討《やみう》ちの捨《す》て刀《がたな》

闇討ち（闇に紛れて不意打ちすること）をして、めったやたらに刀を振りまわすこと。

世《よ》は、ぬばたまの闇《やみ》の儲《もう》け

この世の闇に乗じて不当に儲《もう》けること。

暗闇《くらやみ》から牛《うし》を引《ひ》き出《だ》す

「暗がりから牛」とも。暗いところから、黒い牛を引き出しても区別がつかないように、はっきりしないことのたとえ。

目刺《めさ》すとも知《し》らぬ闇《やみ》

目にものを突き刺しても、わからないほどの暗闇。一《いっ》寸先《すんさき》も見えない真暗闇《まっくらやみ》。

暗闇《くらやみ》の恥《はじ》を明《あか》るみへ出《だ》す

「暗がりの恥を明るみへ出す」とも書く。かくして、おけばすむようなみっともないことを、わざわざ世間に知らせること。

明珠《めいしゅ》を闇《やみ》に投《とう》ず

光り輝く宝玉《ほうぎょく》を、闇夜に人の足もとに投げ入れる。どんなにすぐれたものでも、現われ方が唐突で出し抜けであれば、人は喜ぶよりも先に驚いて身がまえてしまう。世に才を認められるためには、あらかじめ紹介者が必要だというたとえ。『史記』のことば。

闇の慣用句・ことわざ

闇は、夜や「物事の見通しが立たないこと」、「思いがけない」といった意味で使われることが多い。また、「希望のないこと」をたとえていうことも。

智者《ちしゃ》も面前《めんぜん》に三尺《さんじゃく》の闇《やみ》あり

どんなに知恵のある者でも、未来のこととなると、すぐ先のことでも予知できない場合がある。

庭《にわ》に灯明《とうみょう》がつけば、家《いえ》の内《うち》は闇《やみ》になる

庭に神仏を祀《まつ》るようなぜいたくをすると、家が滅びる。「灯明《とうみょう》」は、神仏に供える灯火《とうか》のこと。

人《ひと》の親《おや》の心《こころ》は闇《やみ》にあらねども、子《こ》を思《おも》う道《みち》にまどいぬるかな

親は子に対する愛情のために理性を失いがちである。

闇夜《やみよ》の灯火《ともしび》

ひどく困っている時に、頼りになるものにめぐりあうことのたとえ。また、切望するものにめぐりあうことのたとえ。「闇夜《やみよ》の提灯《ちょうちん》」、「闇《やみ》の夜道《よみち》の松明《たいまつ》」とも。

暗闇《くらやみ》に鬼《おに》の落《お》とした小判《こばん》

思いがけないことに出会うたとえとして使う。

第3章

色のことば

美しい色を彩ることば。
とりどりの色の名前と由来を識れば、
世界の解像度が上がる。
繊細な色の違いを楽しめる、
RGB値、CMYK値の色見本付き。

※基本色名《きほんしきめい》のCMYK値は、JIS規格「物体色の色名」に準拠しています。

※色見本と数値は、ことばから色が特定できるもののみ厳選して掲載しています。

※色は印刷する素材や印刷方式、モニター画面の色の表示方式、ソフト等の環境面などによって見え方が異なる場合があります。CMYK値とRGB値はあくまでも参考値としてお取り扱いください。

黒の表現 148
赤の表現 152
桃の表現 156
橙の表現 158

茶の表現　162
黄の表現　168
緑の表現　172
青の表現　178
紫の表現　184
白・灰の表現　188
金銀の表現　192
虹色の表現　194
四季の色の表現　196
色の慣用句・ことわざ　200

色監修…桜井輝子

東京カラーズ株式会社代表取締役。人に役立つ色彩の提案、企業の商品をより魅力的に演出するためのカラーコンサルティングや企業研修、大学・専門学校での色彩学講師、色彩教材の企画制作などを手がける。また、2014年に日本人として初めてスウェーデン国家規格ナチュラルカラーシステム（NCS）の認定講師資格を取得し、その普及に努めている。

日本色彩学会正会員、NCS認定講師、色彩検定協会認定講師、東京商工会議所カラーコーディネーター検定試験認定講師、インテリアコーディネーター。

黒

黒を表すことばの数々。暗闇を指し示すことばや、黒に関連する表現も解説。

烏《からす》

「烏」に一本横棒がない「鳥」は、カラスの羽毛が黒く、目の黒さも判別できないので、「一本線」がない形で書かれる。「烏衣《うい》」は真っ黒い衣。漢語「烏丸《ウガン》」は、「墨」のこと。

濡れ烏《ぬれがらす》

雨などに濡れた烏のこと。やつれたもの、見苦しい、哀しいもののたとえに使う。

〈用法〉

「涙の潮ひったりと、身も――の声ばかり」『浄瑠璃・浦島年代記―七世の鏡』

射干玉《ぬばたま》

真っ黒い檜扇《ひおうぎ》の種のこと。黒くて丸い。「黒し」および「黒駒」、「黒馬」、「黒髪」、「大黒」などに掛かる枕詞として使われる。

呂色《ろ・いろ》

「蝋色」とも書く。濡れたような美しい黒色のこと。もともと「蝋《ろう》」の色で、死人の顔の色などを形容して使われる。

黛《まゆずみ》

化粧で、眉を描くのに使う青黒い墨。「黛螺《たいら》」は、青緑色の山の比喩。また女性の厚化粧のことをいう。

黒檀《こく・たん》

烏《からす》の木と書いて「烏木《うぼく》」などとも呼ばれる。幹が黒褐色で、家具や琴などの弦楽器の材料として使われる。生育は遅く、非常に堅い。

緇《し》

絹織物などの色が黒いこと。黒く染めた泥染めのこと、また僧侶が着る墨染めの衣。僧侶を「緇《し》」と呼ぶ場合もある。

骨炭《こつ・たん》

活性炭の一種。牛や馬などの骨を、加熱分解してつくった炭のこと。

幽《ゆう》

「幺」は、とても小さな糸くずを表す。それらが箱の中に入っていてよく見えないことを表す漢字。「幽玄《ゆうげん》」などということばで使われるが、微妙でよくわからないこと。よく見えない奥底の暗いところにあることをいう。

青絲《せい・し》

「青糸」とも。美しい黒髪のこと。また風に揺れる柳の新芽のこと。

昏《こん／くらい》

太陽が、地底に沈んでいることを表す漢字で、お日さまの光がなくなって薄暗いこと。

暗色《あん・しょく》

暗い感じのする色のこと。反対語は「明色」。また「暗灰色《あんかいしょく》」は灰色がかった暗い陰鬱な色。

玄《げん》

「天地玄黄《てんちげんこう》」ということばがあるように、「天」の色を差す、奥深く黒いこと。「玄色」は赤味を帯びている黒色のこと。

黒 くろ
R0 G0 B0／C4 M3 Y2 K100

墨のような色。光を吸収し、暗く見える。

黒橡 くろ・つるばみ
R61 G61 B65／C20 M12 Y7 K85

栃《とち》の木の染料で染めたもの。独特の黒色で、とくに喪服に用いる。

墨色 すみ・いろ／ぼく・しょく
R31 G30 B29／C0 M0 Y0 K95

煤《すす》、膠《にかわ》、香料を原料として、練って木型に入れて作る。硯《すずり》で水に溶いて、書や絵などに使う。原料の煤によって色合いが異なる。「墨色《すみいろ》の日暮れ」ということばは、日暮れになると墨色の判断ができなくなるので、客を帰す理由として使われる。

濡羽色 ぬれ・ば・いろ
R0 G0 B20／C90 M100 Y20 K90

烏《からす》の羽のように黒くて光沢がある色。『万葉集』にも「烏《からす》の濡《ぬ》れ羽色《ばいろ》」のように「美しい髪」という表現が使われている。

涅色 くり・いろ
R72 G58 B53／C60 M62 Y62 K54

「涅《くり》」は、水の底の黒い土を表す漢字。「黒土《くろつち》」の色をいう。

暗黒色 あん・こく・しょく
R0 G0 B0／C80 M50 Y0 K100

日本の伝統色のひとつで、光のない闇を表す色。

漆黒 しっ・こく
R0 G0 B0／C70 M50 Y50 K100

「漆」はウルシのこと。ウルシは、べっとりと粘着するために「漆黒」とは、非常に深くて密度のある黒のことをいう。

黒

紅

くれない／べに

R202 G0 B72／C10 M100 Y53 K10

もともと、紅花《べにばな》を使って染めた色。臙脂紅《えんじべに》とも。京都で染めた紅色の絹を「紅絹《もみ》」と呼んだ。

〈用法〉

「旦那のお口の端へ——がついて居りますぜ」歌舞伎・裏表柳団画（柳沢騒動）

今様色

いま・よう・いろ

R201 G79 B97／C4 M77 Y40 K18

染色の名前で、紅花で染めた色。「今様《いまよう》」は「今流行の」という意味で、平安時代のこと。「聴色《ゆるし》」とも呼ばれる。

〈用法〉

「——の、えゆるすまじく艶《つや》なう古めきたる直衣《のうし》の、裏表《うらうへ》ひとしうこまやかなる」『源氏物語』

蘇芳

す・おう

R158 G61 B62／C0 M75 Y50 K45

マメ科の小さな木の心材を染料として使う。色は赤から紫に近い。

〈用法〉

「よき家の中門あけて、檳榔毛の車のしろくきよげなるに、——の下簾、にほひいときよらにて」『枕草子』

茜色

あかね・いろ

R183 G40 B45／C0 M90 Y70 K30

茜《あかね》は、つる性の植物で、根を染料として使う。紫色を帯びた赤黄色。かつては安物の木綿を染めるために使われた。西の空に夕陽が沈むような赤い根のある草という意味で「茜」と書く。

〈用法〉

「日はもう山稜のかなたに落ちているので、西の空だけが、——に光っている」中谷宇吉郎『黒い月の世界』

猩々緋

しょう・じょう・ひ

R226 G53 B22／C4 M91 Y97 K0

鮮やかな深い紅色。古くは「猩々《しょうじょう》」という、人に似た架空の動物の血で染めたものといわれていた。猩々《しょうじょう》は朱紅色《しゅこうしょく》の長い毛を持つといわれている。

丹色

に・いろ

R235 G90 B43／C0 M78 Y84 K0

水銀と硫黄《いおう》を化合したもの。水銀は不老長寿《ふろうちょうじゅ》の薬と信じられていた。朱肉や神社の柱などに使われる。

〈用法〉

「他の店の黄色或《ある》いは——の日《ひ》覆《おお》いも旗の色と共に眼に効果を現わして来た」岡本かの子『巴里祭』

赤

牡丹《ぼたん》や躑躅《つつじ》、山橘《やまたちばな》など、
鮮やかな花の赤から取られた色名が多い。
染色でもよく用いられ、
染料が由来となる名前も。

緋色

ひ・いろ

R218 G57 B29／C10 M90 Y95 K0

茜《あかね》で染めた色。「火色」とも書かれ、黄の下染めに紅花で染めたものにも使う。「緋」の「非」は、弾けるように色が派手であることを意味する。

〈用法〉

「昨日にび色の法衣着たる身の今日は——を飾るも、また黄金の力たり」島崎藤村『夜明け前』

赤香色

あか・こう・いろ

R205 G160 B134／C0 M32 Y35 K25

赤味の掛かった香色。香色は薄い赤で、黄色みを帯びたもの。くすんだ黄色。

〈用法〉

「武正、——のかみしもに蓑笠を着て」『宇治拾遺物語』

深紅

しん・く／ふかき・くれない

R173 G0 B45／C0 M100 Y63 K35

「真紅」とも書く。本当の紅色という意味。茜《あかね》で染めたものは偽物とされ、紅花《べにばな》で染めたものを呼んだ。

〈用法〉

「——の光は発矢《はっし》と尾より迸《ほとばし》る」夏目漱石『虞美人草』

朱色

しゅ・いろ

R233 G71 B9／C0 M85 Y100 K0

黄色みを帯びた赤い顔料。

〈用法〉

「一尺四方の——の明《あかり》が闇黒《やみ》を染めぬいて居る」徳富蘆花『黒い眼と茶色の目』

赤

あか

R215 G0 B22／C0 M100 Y95 K10

夕焼けや熟したトマトのような色。

臙脂

えん・じ

R185 G64 B71／C0 M80 Y52 K30

「臙脂《えんじ》」は「燕脂」、「燕支」、「烟脂」などとも書かれる。中国から輸入された鮮やかな赤い染料。紫と赤を混ぜた色。

〈用法〉
「一輪の薔薇は、鮮かに美しく見えた。艶ある濃い――の繊《ほそ》い枝の線」宮本百合子『伸子』

葡萄色

え・び・いろ／ぶ・どう・いろ

R110 G11 B43／C31 M94 Y56 K53

エビカズラ（ブドウ科のつる性の落葉木本）の、熟した実を使って染めたもの。赤味を帯びた紫色。

〈用法〉
「――の緒の、穿き減した低い日和下駄《ひよりげた》」石川啄木『鳥影』

赭

そほ／そお

R203 G72 B41／C0 M80 Y80 K20

朱色。水銀を含んだ土で、顔料として使われる。「赭《そ》土《おに》」とも。

苺色

いちご・いろ

R217 G48 B92／C0 M90 Y40 K10

イチゴが熟し腐敗《ふはい》しかかった赤い色。少し紫がかった赤色。「苺」は古くは「莓」と書いた。次から次に繋がるように蔓《つる》が伸びる植物という意味。

〈用法〉
「その頸《くび》は横転逆転し切り口の――がみえたり眼玉がとびだしたり暗くなったり」草野心平『蛙』より〈祈りの歌〉

珊瑚色

さん・ご・いろ

R244 G173 B163／C0 M42 Y28 K0

装飾品に加工された赤《あか》珊《さん》瑚《ご》、桃色珊瑚《ももいろさんご》の色。中国では唐時代から赤い色の顔料として使われる。

赤

牡丹色

ぼ・たん・いろ

R229 G90 B155／C3 M77 Y0 K0

紫色がかった紅色。紅梅《こうばい》の色の深いものにも使う。

〈用法〉

「潰島田に——の結綿を掛けて居るが」永井荷風『おぼろ夜』

躑躅色

つつじ・いろ

R233 G82 B149／C0 M80 Y3 K0

躑躅《つつじ》の花のような、紫がかった鮮やかな赤。十二単《じゅうにひとえ》など襲《かさね》の色目の名称で、表は蘇芳《すおう》、裏は萌黄で染めたもの。

韓紅

から・くれない

R233 G84 B100／C0 M80 Y45 K0

「唐紅」、「韓紅花」とも書く。中国や韓国から輸入された濃い紅色。または、深い紅色。

薔薇色

ば・ら・いろ／そう・び・いろ

R233 G78 B102／C0 M82 Y42 K0

淡い紅の色。ピンク色のこと。

〈用法〉

「唯一抹、——の光あり」徳富蘆花『自然と人生』

山橘

やま・たちばな

野性の橘《たちばな》のこと。また牡《ぼ》丹《たん》、藪柑子《やぶこうじ》（サクラソウ科の常緑小低木）の異名としても使われる。

〈用法〉

「あしひきの——の色に出でよ語らひ継ぎて逢《あ》ふこともあらむ（山橘の赤味のようにはっきりみんなが知ってしまいましたが、どうぞ人目など気にしないでくださいね）」『万葉集』

桃

柔らかく愛らしい桃色は、平安時代から愛された色も多い。淡く明るい印象の表現に。

桜色

さくら・いろ

R254 G244 B244／C0 M7 Y3 K0

淡い紅色。紅花で薄く染める。ソメイヨシノの花弁のような、薄いピンク。

〈用法〉
「——に衣はふかくそめてきん花のちりなん後のかたみに（濃い桜色に衣を染めて着よう、桜はやがて散るだろうけれど思い出のよすがとなるように）」『古今和歌集』

一斤染め

いっ・こん・ぞーめ
いっ・きん・ぞーめ

R252 G228 B225／C0 M15 Y9 K0

紅花一斤《べにばないっきん》（約六百グラム）で、絹一疋《きぬいっぴき》（二二・八メートル）を染めた淡い紅色。「聴色《ゆるし》」とも呼ばれる。薄い紅染。

鴇色

とき・いろ

R244 G179 B194／C0 M40 Y10 K0

「鴇羽色」とも呼ばれる。トキの風切羽のような、やや黄みがかった桃色。

〈用法〉
「其翅《そのはね》の裏淡紅《うらうすくれない》なるは、朱鷺《とき》なり、さぎと称《たた》へずといへとも、是《これ》亦一類《またいちるい》なり、俗に——といふは、此色より起れるなり」榊原・那珂・稲垣『小学読本』

退紅

あら・ぞめ／たい・こう

R220 G145 B143／C13 M52 Y34 K0

桜色と一斤染め（上項参照）の中間で、淡く薄い赤紫色。色が褪せたように見える。

薄紅

うす・べに／うす・くれない

R242 G156 B151／C0 M50 Y30 K0

「うすくれない」は、古い読み方。ややくすんだ紅色で、穏やかで控えめな印象を与える。

〈用法〉
「眼の下に——を散らして較《や》や面羞《おもはゆ》げに」内田魯庵『社会百面相』

桃色

 もも・いろ

R240 G149 B153 / C0 M53 Y27 K0

桃の花のような淡く薄い紅色。桃は、邪気《じゃき》を払うと信じられていた。『万葉集』にも「桃花褐《つきそめ》（同ページ参照）」ということばが見える。

〈用法〉

「――（炎紅色）の顔や、低い帽子の下から、美しくこぼれ出た艶やかな黒髪」二葉亭四迷訳『めぐりあひ』

紅梅色

こう・ばい・いろ

R242 G160 B161 / C0 M48 Y25 K0

梅の花のような鮮やかな紅色。梅は、厳しい冬を乗り越えて、麗《うら》らかな春が来たことの証として、平安時代の貴族にも非常に好まれた。

〈用法〉

「濃ききぬに――の織物など、あはひをかしう着かへて居給《いたま》へり（鮮やかな紅梅色の織物に淡い色のものを美しくお召しになっていらっしゃる）」『源氏物語』

撫子色

なでしこ・いろ

R236 G158 B171 / C0 M48 Y16 K4

撫子《なでしこ》は、六月から八月にかけてピンク色のほわほわとした花を付ける。やや灰色紫がかったピンク色。

〈用法〉

「方人――の綾のひとへがさね、ふたあゐのからぎぬ、いろずりのも」寛和二年皇太后詮子瞿麦合

桃花褐

つきそめ

桃の花で染めた薄いピンク色。『万葉集』に「桃花褐《つきそめ》の浅らの衣《ころも》浅らかに、思ひて妹《いも》に逢はむものかも」とある。桃の花に染めた薄い色の着物のように、薄っぺらい気持ちであなたに会ったりするのではありませんよ、という意味。

真赭

まそお／まそほ／ますお／ますほ

水銀と硫黄《いおう》の化合物である辰砂《しんしゃ》の色。桃色の明るさを落とした感じで赤を強めた明るい印象を与える色。

〈用法〉

「仏造る――（真朱）足らずは水たまる池田の朝臣が鼻の上を掘れ」大神奥守『万葉集』

橙

野菜や果物、植物が語源のことばが多い。空や大地から想起された色名も。色濃い黄、明るい茶を指す場合もある。

人参色

R223 G108 B49／C0 M67 Y80 K10

にん・じん・いろ

人参《にんじん》の根のような鮮やかな橙色《だいだい》。

〈用法〉
「この藪《やぶ》の人このベルン人 この――の世界 を見たこの不幸な午後」西脇順三郎『失われた時』

赤白橡

R217 G168 B145／C10 M37 Y37 K8

あか・しろ・つるばみ

茜《あかね》と櫨《はぜ》（秋に紅葉するハゼ）で染めたもので、赤に黄色が加わったもの。上皇以外にまとうことを許されなかった「禁色《きんじき》」のひとつ。

纁

R231 G107 B71／C0 M70 Y68 K4

そひ

茜《あかね》を使って橙色《だいだい》に染めたもの。武官が身につけるもので、「纁」は、「うすあかいろ」とも読まれる。「熏」はくすべた火の煙が上に昇る形を描いたもので、内面の力が外にオーラのように現れることをいう。

東雲色

R239 G135 B102／C0 M59 Y55 K0

しののめ・いろ

夜が明け始めるころの東の空のような明るい黄赤色。「曙色《あけぼのいろ》」とも呼ばれる。

柑子色

R246 G173 B72／C0 M40 Y75 K0

こう・じ・いろ

「柑子《こうじ》」は、古くから日本で栽培されてきたコウジミカンのこと。「萱草色《かんぞういろ》」の別名ともされるが、萱草色《かんぞういろ》よりやや明るい印象を受ける。

〈用法〉
「講師、青色の織物の直垂を着て、――なる紬《つむぎ》の帽子をして」『今昔物語集』

萱草色

R243 G157 B67／C0 M48 Y76 K0

かん・ぞう・いろ

明るい黄色がかった橙色《だいだい》。「萱草《かんぞう》」は、「忘れ草」と呼ばれ、別離の哀しみを忘れさせるために御葬式に使われる色とされた。

〈用法〉
「くろきかざみ火ざういろのはかま 黒汗衫《くろかざみ》―― 紅の黄ばみたる色也《いろなり》 凶服也《きょうふくなり》」『河海抄』

杏子色

R247 G185 B119／C0 M35 Y55 K0

あん・ず・いろ

「杏色」とも。杏《あんず》の実のようなやわらかい橙色。アプリコット色。杏は「口」に入れておいしい木の実という意味の漢字。

〈用法〉
「秋の日の夜明けに ――の火炎があがる」西脇順三郎『失われた時』

赤朽葉

R238 G121 B72／C0 M65 Y70 K0

あか・くち・ば

赤とあるが、橙《だいだい》より濃く、くすんだ柿色《かきいろ》に近い。「朽《くち》葉《ば》」とは、落ち葉という意味で、紅葉が散って間もないころの優美な色。

〈用法〉
「大きやかなる童の、濃き衵《あこめ》、紫《し》苑《をん》の織物重ねて、――のうすもの汗衫《かざみ》いといたうなれて」『源氏物語』

橙色

だいだい・いろ

R240 G131 B19／C0 M60 Y93 K0

熟した橙《だいだい》の皮の色。オレンジ色よりやや暗い感じがするが、黄色と赤の中間色と言われる。

〈用法〉

「――の火が、黎明《しののめ》の窓の明りと、等分に部屋を領している」森鷗外『護持院原の敵討』

黄丹

おう・に／おう・たん

R238 G121 B72／C0 M65 Y70 K0

美しい黄赤色《おうせきしょく》。クチナシの下染めに、紅花《べにばな》を上掛けして染め重ねたもの。皇太子の袍《ほう》に使われる色で、昇る朝日の色を映したものだと伝えられる。

樺色・蒲色

かば・いろ

R181 G82 B51／C0 M70 Y70 K33

カバザクラの樹皮の色。強い黄赤色《おうせきしょく》で、蒲《かば》の穂の色にも似ていることから「蒲《かば》色《いろ》」とも呼ばれる。色として、まったく同じ色に対してふたつの表記と由来を持つ。

〈用法〉

「躑躅《つつじ》が燃えるやうに咲き乱れてゐた。先生はそのうちで(樺色)——の丈の高いのを指して」夏目漱石『こころ』

蜜柑色

み・かん・いろ

R241 G141 B0／C0 M55 Y100 K0

温州《うんしゅう》ミカンの皮のように鮮やかな黄赤色《おうせきしょく》。橙色《だいだい》より黄色味が強い。

〈用法〉

「小ごしをかがめ、——の小さなスエターを背後から握った」細田民樹『真理の春』

朱華

はねず

R244 G165 B122／C0 M45 Y50 K0

黄色がかった薄い赤色。紅《べに》花《ばな》とクチナシで染められる。『万葉集』では「波禰受《はねず》」と記された。

〈用法〉

「夏まけて咲きたる——ひさかたの雨うち降らばうつろひなむか(夏になって咲いた朱華の花は、雨が降って色が褪《あ》せてしまうのでしょうか)」『万葉集』

橙

埴生　はにゅう

R191 G120 B43／C0 M50 Y80 K30

埴《はに》のとれる土地、または、土そのものの色のこと。「はに」は「色美しく匂う」の意味。古く「光映土《はえに》」といっていたのが語源。陶器や埴《はに》輪《わ》を作るのに適した土をいう。

小麦色　こ・むぎ・いろ

R229 G159 B92／C0 M42 Y63 K10

実った小麦のような薄茶色。もともと日本にはなかったもので、明治以降使われるようになった。

〈用法〉
「困ったやうな顔が、——をして、若々しくて清潔な感じであった」大仏次郎『帰郷』

洗朱　あらい・しゅ

R222 G106 B64／C0 M68 Y71 K10

薄い朱色で、黄色みを帯びた朱色。くすんだ黄い赤。朱塗りの漆器《しっき》、布地の染色に使われる。

〈用法〉
「もしまあ着物のほういくらか寂しいとおっしゃるなら、金糸か色糸かで一ト針入れると明るく冴えますな。〈略〉このごろ——の松がはやりましてな、朝日の松というものですかな」幸田文『流れる』

狐色　きつね・いろ

R197 G106 B42／C25 M68 Y91 K0

狐の背に生えた毛の色。薄い黄味がかった茶褐色《ちゃかっしょく》。

〈用法〉
「鴨《かも》は——に焼きあがっていた」立原正秋『埋葬』

肌色　はだ・いろ

薄いオレンジ色。「肌」の「月」は、もとは「肉」偏。「肉月」と呼ばれる。「几」は「固く強い」という意味がある。そこから「肌」とはきめの細かい皮膚を表す。「肌色」はいろいろな人種問題もあって現在はあまり使われない。

色のことば

茶

色-茶

江戸時代、小粋な流行色だった茶色。歌舞伎役者の名を冠したもののほか、剣術家や茶人・千利休の名が付いた茶色がある。

橡色

つるばみ・いろ

R192 G122 B62 / C0 M49 Y70 K30

橡《つるばみ》の実の煎汁《せんじゅう》で染めた色。古代は、黒に近い灰色。「白《しろ》橡色《つるばみいろ》」や「黄《き》橡色《つるばみいろ》」など、染め方によって色が変わる。

小豆色

あずき・いろ

R160 G86 B77 / C0 M60 Y45 K45

赤小豆《あかあずき》の実の色のような茶色がかった赤紫のこと。「暗赤色」とも近い。

〈用法〉「違棚《ちがいだな》の高岡塗《たかおかぬり》は沈んだ——に古木の幹を青く盛り上げて」夏目漱石『虞美人草』

白茶

しら・ちゃ

R224 G195 B156 / C14 M26 Y40 K0

薄くて明るい感じの茶色。江戸時代後期、薄い茶系が茶人や数寄者《すきしゃ》が好む粋な色として流行する。明治に入ると女性の着物にも多く用いられる色となる。

〈用法〉「——の微《こまか》い綾紗形《さやがた》の襟《えり》をして」尾崎紅葉『多情多恨』

香色

こう・いろ

R227 G198 B151 / C5 M20 Y40 K10

黄味がかった明るい灰黄赤色。丁子《ちょうじ》や香料の煮汁で染めた色で、色調に幅がある。

丁子茶色

ちょう・じ・ちゃ・いろ

R180 G134 B105 / C10 M40 Y46 K30

茶を帯びた丁子《ちょうじ》（クローブともいう。フトモモ科の常緑高木。香りのよい花蕾をもつ）の色。本来は丁子染《ちょうじぞめ》によるものだが、丁子《ちょうじ》は非常に高価であるため、実際には同色調のものを楊梅《ようばい》などで代用して使った。

鳶色

とび・いろ

R139 G66 B57 / C0 M65 Y50 K55

タカ科トビの羽毛の色で、赤暗い茶褐色《ちゃかっしょく》。「鵄色」、「鵰色」、「飛色」とも。

赤銅色

しゃく・どう・いろ

R127 G39 B8 / C0 M79 Y81 K60

金属の赤銅のような艶《つや》のある暗い赤色。弁柄色《べんがらいろ》（166ページ参照）よりも黄みがかった色。日焼けした逞《たくま》しい人の肌を形容する色として使われる。

〈用法〉「志田君は、首から——になった酔顔を突出して笑った」石川啄木『菊池君』

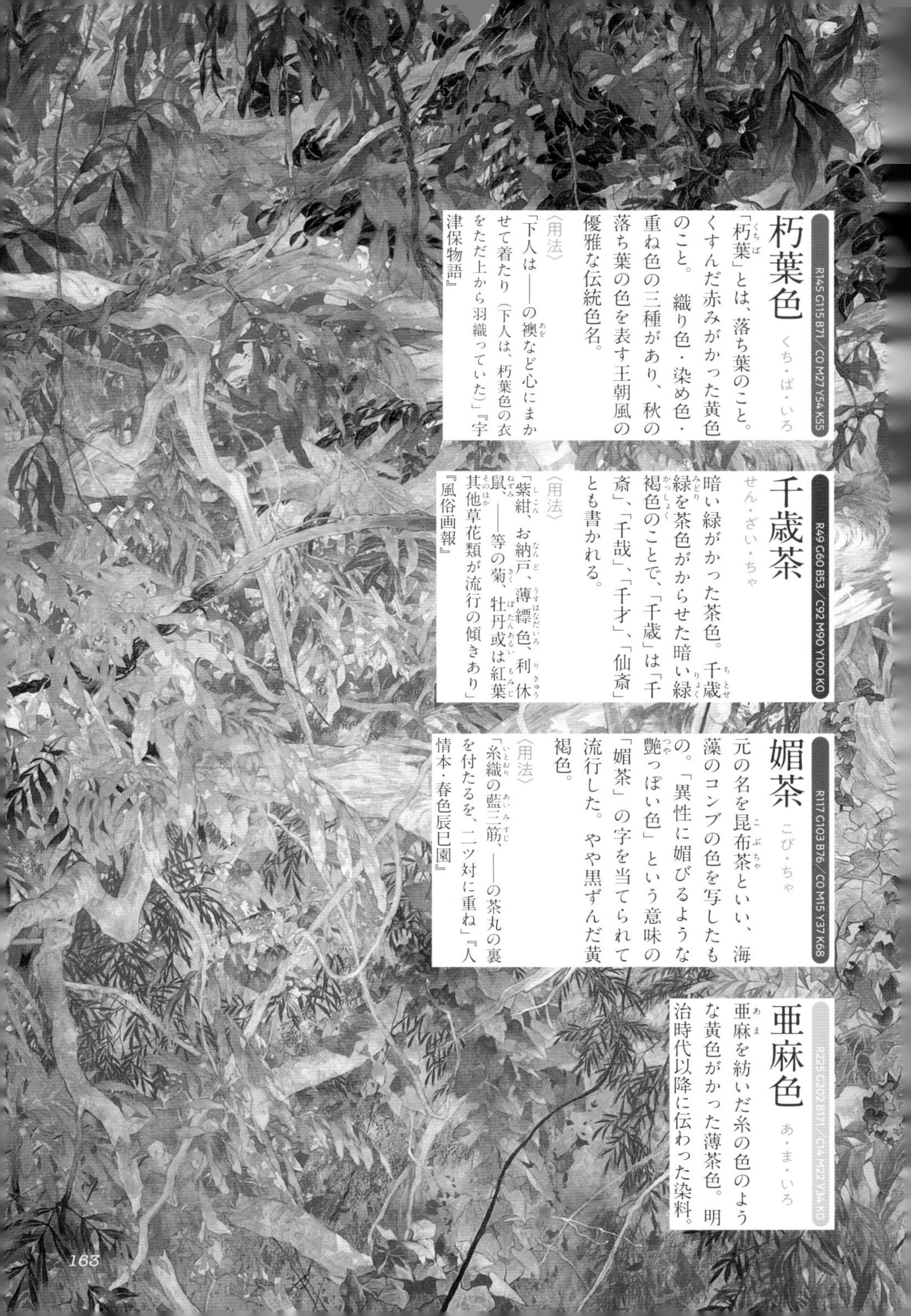

朽葉色

くち・ば・いろ

R145 G115 B71／C0 M27 Y54 K55

「朽葉《くちば》」とは、落ち葉のこと。くすんだ赤みがかった黄色のこと。　織り色・染め色・重ね色の三種があり、秋の落ち葉の色を表す王朝風の優雅な伝統色名。

〈用法〉

「下人は――の襖《あを》など心にまかせて着たり（下人は、朽葉色の衣をただ上から羽織っていた）」『宇津保物語』

千歳茶

せん・ざい・ちゃ

R49 G60 B53／C92 M90 Y100 K0

暗い緑がかった茶色。千歳《ちとせ》緑《りょく》緑《みどり》を茶色がからせた暗い褐色《かっしょく》のことで、「千歳」は「千斎」、「千哉」、「千才」、「仙斎」とも書かれる。

〈用法〉

「紫紺《しこん》、お納戸《なんど》、薄縹色《うすはなだいろ》、利休《りきゅう》鼠《ねずみ》、――等の菊《きく》、牡丹《ぼたん》或《あるい》は紅葉《もみじ》其他《そのほか》草花類が流行の傾きあり」『風俗画報』

媚茶

こび・ちゃ

R117 G103 B76／C0 M15 Y37 K68

元の名を昆布茶《こぶちゃ》といい、海藻のコンブの色を写したもの。「異性に媚びるような艶《つや》っぽい色」という意味の「媚茶」の字を当てられて流行した。やや黒ずんだ黄褐色。

〈用法〉

「糸織《いとおり》の藍三筋《あいみすじ》、――の茶丸の裏を付たるを、二ツ対に重ね」『人情本・春色辰巳園』

亜麻色

あ・ま・いろ

R225 G202 B171／C14 M22 Y34 K0

亜麻《あま》を紡いだ糸の色のような黄色がかった薄茶色。明治時代以降に伝わった染料。

茶

琥珀色
こ・はく・いろ
R191 G120 B52／C0 M50 Y75 K30

琥珀《こはく》は、樹木から出る樹脂が地中で固まり化石になったもの。透明感のある黄褐《きかっ》色《しょく》。古代の中国では、虎の涙が地中で固まったものと信じられていた。

團十郎茶
だん・じゅう・ろう・ちゃ
R162 G88 B61／C32 M70 Y74 K18

歌舞伎役者の市川團十郎《いちかわだんじゅうろう》が代々用いた成田屋の茶色をさす。やや明るい茶色。ベンガラと柿渋で染めたもの。

飴色
あめ・いろ
R172 G123 B60／C13 M44 Y72 K32

デンプンと麦芽《ばくが》を主材料にして作った水飴《みずあめ》の色。やわらかい赤みの黄色。

代赭
たい・しゃ
R187 G84 B31／C0 M70 Y84 K30

赤土《あかつち》から作られる天然の酸化鉄顔料の色。やや明るい茶色。茶色より赤みと黄色みが少し強い。

〈用法〉
「町の角々には——色の夏服着た厳《いかめ》しい兵士が控へて」島崎藤村『津軽海峡』

檜皮色
ひ・わだ・いろ
R150 G80 B54／C0 M60 Y60 K50

黒みがかった蘇芳《すおう》（152ページ参照）。もともとは、檜《ひのき》の樹皮で染めた染色の色だったともいわれる。

梅幸茶
ばい・こう・ちゃ
R128 G115 B67／C26 M28 Y63 K48

茶味を含んだ淡い萌黄《もえぎ》色。歌舞伎役者の名前に由来する役者色のひとつ。初代尾《おの》上菊五郎《うえきくごろう》が好んだ茶色で、俳号「梅幸《ばいこう》」にちなんで付けられた。

土器色
かわらけいろ
R197 G117 B78／C8 M57 Y63 K20

土器《どき》のようなくすんだ赤みの薄い茶色、浅い赤黄色がかった茶色。「土器茶《かわらけちゃ》」、「枇杷茶《びわちゃ》」ともよばれる。

榛色
はしばみ・いろ
R166 G90 B34／C28 M68 Y92 K20

茶色がかったうすい黄土色系の色。ヘーゼルナッツの色に由来する色の名とされる。

胡桃色

R168 G112 B74 / C36 M60 Y72 K8

くる・み・いろ

胡桃《くるみ》の実、または胡桃の樹皮で染めたようなくすんだ橙《だいだい》色。「胡桃」は固い殻が実を包んでいるという意味の「くるむ」が語源とされる。

〈用法〉

「――といふ色紙の厚肥《あつご》えたるをあやしと思ひてあけもていけば（胡桃色の厚ぼったい手紙なので不思議に思って開いていくと……）」『枕草子』

煤竹色

R107 G81 B70 / C0 M30 Y30 K72

すす・たけ・いろ

昔の囲炉裏《いろり》の上の屋根組の、煤《すす》けて黒っぽくなった竹のような暗い色。

肉桂色

R221 G122 B85 / C0 M60 Y60 K12

にっ・けい・いろ

肉桂《にっけい》とはシナモンの樹皮を乾燥させたものをいう。これで染めたもので、ややくすんだ明るい茶色。

焦茶

R111 G77 B62 / C0 M38 Y38 K70

こげ・ちゃ

ものが焼け焦げたような黒みがかった茶色。「焦」の「灬」は「火」を意味する。「隹」は「小鳥」。「焦」という字は、「小鳥」を火であぶって焼いたものを表す。江戸時代の流行色「四十八茶百鼠《しじゅうはっちゃひゃくねず》」のひとつで、もっとも濃い茶色。

〈用法〉

「――の砂壁に、白い象牙《ぞうげ》の軸が際立って、両方に突張って居る」夏目漱石『草枕』

丁子色

R189 G126 B65／C30 M57 Y80 K0

ちょう・じ・いろ

香辛料の丁子《ちょうじ》の蕾《つぼみ》で染めた鈍い黄赤。あるいは薄赤に黄を帯びた色で、やや濃いもの。

芝翫茶

R166 G130 B85／C21 M40 Y60 K29

し・かん・ちゃ

ややくすんだ渋い赤茶色。江戸後期の大阪の花形役者、三代目中村歌右衛門《なかむらうたえもん》が好んだ色として当時大流行した。

路考茶

R159 G105 B31／C40 M62 Y100 K10

ろ・こう・ちゃ

鶯色《うぐいすいろ》に近い、渋い緑みの茶色。江戸の歌舞伎役者で二代目瀬川菊之丞《せがわきくのじょう》を襲名した通称・王子路考《おうじろこう》が愛用したことからその名が付けられた。

褐色

R138 G58 B0／C0 M70 Y100 K55

かっ・しょく

「褐」は粗末な衣服を意味することばで、黒ずんだ茶色を「褐色」と呼ぶようになった。

〈用法〉

「――の八字髭が少しあるのを」

森鷗外『懇親会』

弁柄色

R143 G45 B18／C0 M80 Y80 K52

べん・がら・いろ

暗い赤みを帯びた茶色。ベンガラとは、土中の鉄が酸化した『三酸化第二鉄』を主成分とする顔料。「紅柄」、「紅殼」とも書かれる。

〈用法〉

「相群れて――の囚人は往きにけるかも入り日赤けば（たくさんの囚人たちが弁柄色の囚人服を着て往来する。夕陽もまた赤い）」斎藤茂吉『赤光』より〈麦奴〉

黄櫨染

R170 G108 B72／C30 M60 Y70 K15

こう・ろ・ぜん

黄がかった茶色で、天皇が用いる束帯《そくたい》の袍《ほう》地に染められる。中国・唐より伝えられ、帝王の服色。「櫨」は柑橘類の一種でキンカンに似たもの。「蘆」は内に秘めた美しさなどを意味する。

憲房色

R65 G55 B52／C50 M50 Y50 K68

けん・ぼう・いろ

剣術家の吉岡直綱《よしおかなおつな》（号は憲《けん》房《ぼう》）が広めたとされることからこの名が付いた。赤みを帯びた濃い茶色。楊梅《ようばい》だけで染めた黒い茶色。また、後に藍下染《あいしたぞめ》の上に楊梅《ようばい》で黒茶を染めたとされる。「憲」は「目」と「心」で物事の善悪を素早く判断することを意味する。

利休茶

R140 G124 B68／C14 M22 Y62 K50

り・きゅう・ちゃ

色あせた挽《ひ》き茶のような緑がかった薄茶色。室町・桃山時代の茶人・千利休《せんのりきゅう》が好みそうな色だとされる。

〈用法〉

「其《そ》の間の変遷《へんせん》や奈何む、鶯《うぐいす》茶《ちゃ》、――、藍納戸《あいなんど》、錆納戸《さびなんど》、紫納《しこむ》も一時は流行しつれど」『風俗画報』

煉瓦色

R181 G82 B51／C0 M70 Y70 K33

れん・が・いろ

西洋建築に使われる赤レンガのような色を呼ぶ。弁柄《べんがら》色（上述）に似たものだが、明治時代以降に使われる。

煙草色

R159 G125 B86／C0 M30 Y49 K48

たばこ・いろ

草の葉のような暗い赤みの黄色。

栗梅 くり・うめ

R117 G44 B25／C22 M78 Y77 K55

栗色を帯びた濃い赤茶色。もともと「栗色の梅染《うめぞめ》」といった。江戸時代前期から使われる。

茶色 ちゃ・いろ

R128 G74 B48／C0 M53 Y57 K61

茶の葉で染めた色という意味で、黄と赤と黒の中間色で栗の実のような色。ただ、色調の幅は非常に広い。

駱駝色 らく・だ・いろ

R191 G121 B78／C0 M50 Y60 K30

ラクダの毛皮の色で、黄味の薄い茶色、くすんだ黄赤色。

〈用法〉「もんぺのいたるところ焼け焦げできていて、その下の——のパッチがのぞく」野坂昭如『火垂るの墓』

桑染 くわ・ぞめ

R170 G142 B70／C17 M30 Y70 K31

褐色《かっしょく》を帯びたくすんだ黄色。桑《くわ》の根皮または木皮の煎汁《せんじゅう》に木灰《もくばい》を媒染《ばいせん》に用いて薄黄色に染める。

柴色 ふし・いろ

「柴染《ふしぞめ》」とも。暗い灰みの黄赤。クロモジ木の煎汁から染料がつくられる。

榛摺 はり・ずり

榛《はん》の木の実や、樹皮で染めた深く渋い橙色《だいだい》。榛《はん》の木は、カバノキ科の落葉高木。「はりのき」とも。湿原のような過湿地で森を形成する。

黄

活き活きとした生命を感じさせる黄は、金糸雀《かなりあ》や鳥の子色、卵色など、鳥に関連する色名も多い。

山吹色

やま・ぶき・いろ

R248 G181 B0／C0 M35 Y100 K0

山吹の花のような鮮やかな赤みを帯びた黄色。

〈用法〉

「ただ阿彌陀のひかりも金ほどにて、――をまきちらすゆへ」恋川春町『黄表紙・金々先生栄花夢』

枯草色

かれ・くさ・いろ

R238 G202 B142／C7 M24 Y48 K0

枯れた草のような色。薄い茶色、暗い黄緑。

〈用法〉

「懐中《かいちゅう》にせし三布風呂敷《みのぶろしき》の、萌《もえ》黄《ぎ》も春過ぎて夏も茂り、秋も末、冬の初の――なるを」尾崎紅葉『二人女房』

黄色

き・いろ

R251 G198 B0／C0 M26 Y100 K0

レモンの皮や、ヒマワリの花のような色。

卵色

たまご・いろ

R252 G212 B117／C0 M20 Y60 K0

卵の黄みのような明るい赤みの黄色。「玉子色」とも。

〈用法〉

「――の襯衣《シャツ》の袖が正面に見える」夏目漱石『虞美人草』

鬱金色

う・こん・いろ

R250 G191 B19／C0 M30 Y90 K0

鬱金草《うこんそう》の根で染めた赤みの鮮やかな黄色。

〈用法〉

「――の（鬱黄）百合は血ににじむ眸《ひとみ》をつぶり」北原白秋『邪宗門』

刈安色

かり・やす・いろ

R245 G229 B107／C0 M3 Y65 K8

ススキの仲間である刈安《かりやす》で染めた、薄い緑味のある黄色。

練色

ねり・いろ

R254 G235 B202／C0 M10 Y24 K0

わずかに黄色みがかった白、ごく薄い黄色。

〈用法〉

「――の綾の袿ひとかさね〈略〉白きはかまを好みて著給《きたま》へり」『堤中納言物語』

梔子色

くちなしいろ

R254 G220 B94／C0 M15 Y70 K0

「支子色」とも書く。クチナシの実で染めた、少し赤みのある黄色。色調には幅がある。

〈用法〉

「お民は――の染糸を両手に掛けてゐる」島崎藤村『夜明け前』

芥子色

から・し・いろ

R210 G183 B78／C0 M14 Y70 K25

「辛子色」とも書く。芥子《からし》菜《な》の種子を粉にして練った香辛料「カラシ」のような、やや鈍い黄色。

〈用法〉

「初めて学校へ出勤する日、彼は濃い草色の背広に――のネクタイを締めて行った」高井有一『雪の涯の風葬』

黄土色

おう・ど・いろ

R195 G144 B67／C0 M35 Y70 K30

やや赤みがかった黄色。「黄土」は、どこにでもある土地で、赤土に対して痩せた土地とされる。

〈用法〉

「空は真青に、ビルディングの壁面は温かい――に輝いて居る」寺田寅彦『LIBER STUDIORUM』

黄

黄蘗色

き・はだ・いろ

R254 G242 B99／C3 M0 Y70 K0

ミカン科のキハダの樹皮（生薬の黄蘗《おうばく》）で染めた、やや緑みの明るい黄色。レモン色よりはわずかに緑がかっている。

〈用法〉

「黒と白と。思ふとにくむと。あゐと――と。雨と霧と」『能因本枕草子』

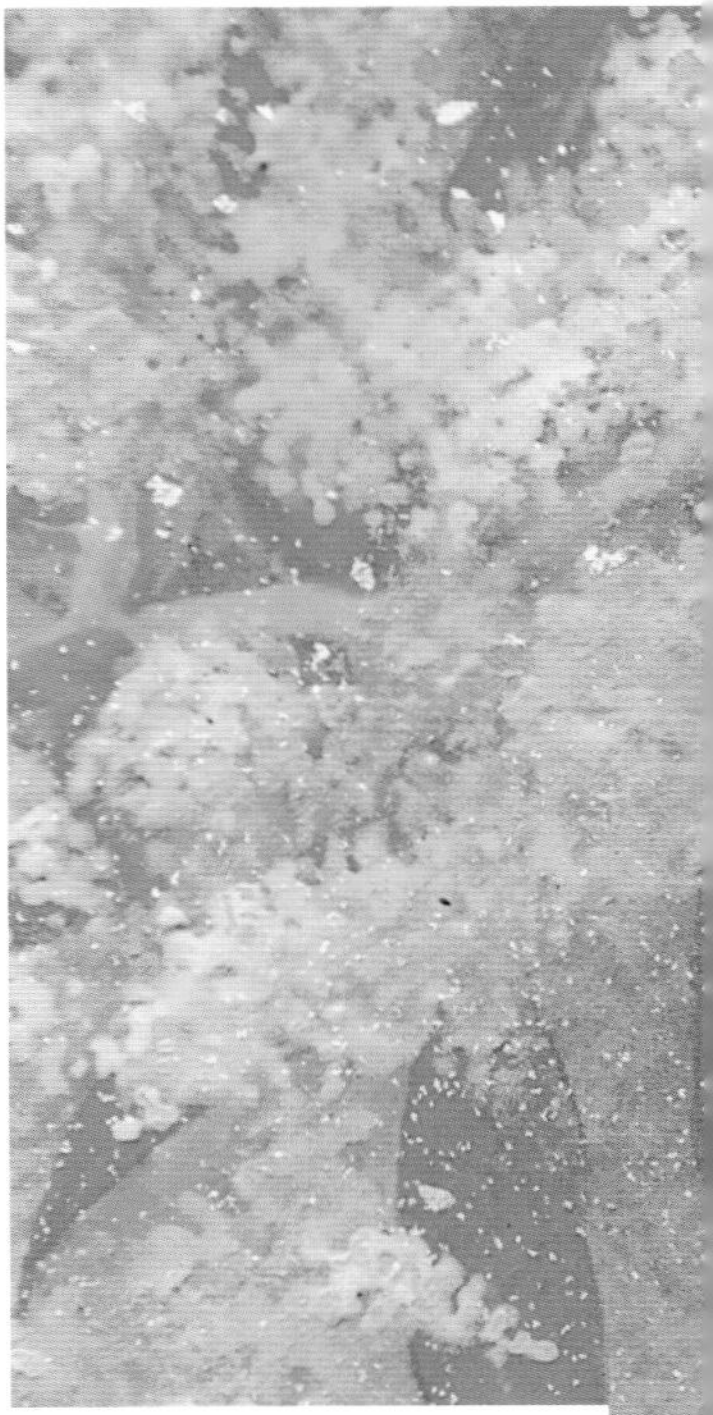

雄黄色

ゆう・おう・いろ

R249 G190 B99／C0 M32 Y65 K0

日本画の岩絵具の色として使われていたが、毒性が強く、現在は使われない。橙《とう》黄色《こうしょく》。

蒲公英色

たんぽぽいろ

R255 G217 B0／C0 M15 Y100 K0

蒲公英《たんぽぽ》の花に由来する鮮やかな黄色。「蒲公英」はタンポポの漢名のひとつ。中国では「婆婆丁」、「華花郎」などとも書かれる。

金糸雀

かなりあ

R255 G242 B98／C0 M2 Y70 K0

野生のカナリアの羽色のような、少しくすみのある黄色のこと。

鳥の子色

とりーの・こ・いろ

R255 G240 B197／C0 M7 Y28 K0

鶏《にわとり》の卵殻《らんかく》の色。鶏卵《けいらん》の殻《から》の色。淡黄色《たんこうしょく》。豆緑色《とうろくしょく》。

生壁色

なま・かべ・いろ

R132 G120 B78／C13 M18 Y52 K55

塗りたての乾いていない、土壁のような灰色みの黄褐《おうかつ》色《しょく》。

〈用法〉

「――の地へ、焦げた丹と、薄い黄で、絵だか模様だか」夏目漱石『草枕』

黄鴾毛

き・つき・げ

馬の毛色の名。鴾毛《つきげ》が少し黄色みを帯びたもの。

黄橡色

き・つるばみ・いろ

赤みの深い黄褐色《おうかっしょく》で、橡《つるばみ》の煎汁《せんじゅう》と灰汁《あく》で染める。

黄葉色

もみじいろ

赤色から橙《だいだい》色、黄色まで、さまざまな色調がある。

雌黄

し・おう

ビルマ、タイなどに産するオトギリソウ科の常緑高木から採るゴム状の黄色い樹脂から作った黄色顔料や絵の具の色。

翠色
すい・しょく
R0 G126 B102／C100 M0 Y63 K30

カワセミの羽色のような、鮮やかな緑色。「翠」の「羽」のある鳥。「卒」は「純粋」の意味。とても美しい鳥のこと。

〈用法〉
「――したる松にまじりて、紅葉のあるお邸」樋口一葉『暁月夜』

抹茶色
まっ・ちゃ・いろ
R196 G196 B106／C10 M0 Y60 K25

抹茶の粉のような、やわらかい黄緑色。薄茶と呼ばれるような優しい色。現在では、苔色《こけいろ》（175ページ参照）のような暗い黄緑を「抹茶色」と呼ぶこともある。

柳色
やなぎ・いろ
R163 G192 B125／C42 M12 Y60 K0

初夏の柳《やなぎ》の葉色に似た明るい黄緑色。

若苗色
わか・なえ・いろ
R163 G192 B142／C40 M10 Y50 K5

田植えの時期の若い苗のような新鮮な黄緑色。

青磁色
せい・じ・いろ
R104 G183 B161／C57 M0 Y40 K10

青磁の肌の色のような浅い青緑色。青磁は、青緑色の釉薬《ゆうやく》をかけた磁《じ》器《き》の一種。

〈用法〉
「――の鶉縮緬《うずらちりめん》に三つ紋を縫はせた羽織《はおり》を襲《かさ》ねて」森鷗外『青年』

緑
みどり
R0 G165 B123／C86 M0 Y65 K0

植物の葉のような色。青と黄色の中間色。

若葉色
わか・ば・いろ
R185 G208 B139／C28 M0 Y52 K10

夏前の草木の若葉のようなやわらかい黄緑色。

緑

植物を〝緑〟と呼ぶように、葉や草、植物名を冠した名前が豊か。青々とした自然の情景描写に。

鶸色

ひわ・いろ

R215 G207 B58／C5 M0 Y80 K20

小鳥の鶸《ひわ》の羽の色にちなんだ色名で、黄みの強い明るい萌黄《もえぎ》（174ページ参照）。鶸《ひわ》はスズメ目アトリ科の小鳥で、シベリアから渡ってくる。

〈用法〉

「海老茶の袴《はかま》は――の裏を返す」小栗風葉『青春』

青朽葉

あお・くち・ば

R181 G177 B50／C8 M0 Y80 K35

緑みのにぶい朽葉《くちば》色で渋みがかった黄緑色。

白緑

びゃく・ろく

R214 G233 B202／C20 M0 Y27 K0

「孔雀石《くじゃくいし》」から作られる、岩絵具の色で淡い緑色。色名の「白」は「淡く、透明である」という意味。

〈用法〉

「麦は――色に煌めく上を」小栗風葉『青春』

裏葉色

うら・は・いろ

R164 G194 B169／C30 M0 Y30 K20

「うらばいろ」とも読む。木の葉や、草の葉裏のような渋くくすんだ薄緑。

浅緑

あさ・みどり

R160 G210 B168／C42 M0 Y42 K0

春に芽吹いた若葉のような、うすい緑色。

〈用法〉

「ごゐさぎを〈略〉買った。嘴《くちばし》は――色、羽は暗褐色《あんかっしょく》に淡褐色《たんかっしょく》の斑点《はんてん》」田山花袋『田舎教師』

若草色

わか・くさ・いろ

R200 G217 B33／C28 M0 Y92 K0

春たけなわの時期を連想する、明るい黄緑色。若い女性をたとえる色として使われた。

〈用法〉

「――の夕あかり濡れにぞ濡るる」北原白秋『宗門』

緑

松葉色　まつ・ば・いろ

R131 G154 B92 / C33 M0 Y60 K40

松の葉のような深みのある渋い青緑色。「松の葉色」とも呼ばれ、『枕草子』にもその名が見られる。

〈用法〉
「狩衣《かりぎぬ》は、香染《こうぞめ》の薄き、白き、ふくさ、赤色、――（まつのはいろ）」『枕草子』

萌黄　もえ・ぎ

R175 G209 B71 / C38 M0 Y84 K0

「萌葱」、「萌木」とも書かれる。春に萌え出る草の芽をあらわす色。

〈用法〉
「――などのにくければ。くれなゐにあはぬか」『枕草子』

木賊色　と・くさ・いろ

R55 G134 B93 / C78 M34 Y75 K0

木賊《とくさ》の茎のような、青みがかった濃い緑色。「陰萌黄《かげもえぎ》」ともいう。

〈用法〉
「小羊《ラム》の皮を柔らかに鞣《なめ》して、――の濃き真中に、水蓮《すいれん》を細く金に描いて」夏目漱石『虞美人草』

麹塵

きく・じん／き・じん

R111 G125 B80／C55 M34 Y70 K24

麹黴《きくじん》のようなくすんだ黄緑色。「青白橡《あおしろつるばみ》」（下項参照）とも書かれる。天皇の褻《け》の袍《ほう》の色として使われる「禁《きん》色《じき》」（朝廷時代、一定の官位や地位を持つ者以外には、禁じられた服装の色）のひとつ。天皇の平常着としての袍《ほう》の色は「きくじん」、中世武者の直垂《ひたたれ》の色は「きじん」と発音した。「塵」とはとても細かいこと。密度の高いことを意味する。

〈用法〉

「入鹿《いるか》の大臣金巾子《きんこじ》の冠《かんむり》、——の装束」『浄瑠璃・大職冠』

青丹

あお・に

R151 G151 B78／C46 M33 Y78 K6

顔料や化粧料の黛《まゆずみ》に使われた、青粘土のような暗く鈍い黄緑色。

〈用法〉

「——吉《あをによし》、寧楽《なら》のみやこは咲く花の薫《にほ》ふが如《ごと》く今盛りなり」『万葉集』

青白橡

あお・しろ・つるばみ

R107 G119 B72／C55 M35 Y73 K28

麹塵《きくじん》（上項参照）の別名。夏の終わりごろ、団栗《どんぐり》の実の青さの残る色を表している。「あおしろのつるばみ」とも。

苔色

こけ・いろ

R112 G139 B30／C40 M0 Y90 K45

苔《こけ》のような深く渋い黄緑色。

〈用法〉

「月山は〈略〉そうした緑の中に、ひとり淡々と——を帯びていたのですが」森敦『月山』

鴨の羽色
かも-の・は・いろ
R0 G115 B100／C90 M30 Y62 K20

真鴨《まがも》の頭の羽色に由来する少し暗い青緑色。「鴨羽色」「真鴨色《まがもいろ》」ともいう。「鴨」の「甲」はカモの足の形が「由」となっていることを、ひっくり返してそのまま書いたもの。また、「甲」はカモの鳴き声を表す。『万葉集』では「可毛能羽伊呂《かものはいろ》」と記されている。

〈用法〉
「水鳥の――の青馬を今日見る人は限りなしといふ」『万葉集』

老竹色
おい・たけ・いろ
R106 G141 B92／C55 M20 Y65 K25

灰みをおび、年を経た老竹のような、やや くすんで灰色がかった緑色。

老緑
おい・みどり
R137 G135 B87／C50 M40 Y70 K10

老松の葉のような灰みを帯びた深い緑色。

海松色
み・る・いろ
R114 G109 B63／C0 M0 Y50 K70

海藻の海松《みる》の色を表した、茶みを帯びた深い黄緑色。

〈用法〉
「――の塗揚、紅亮輪、二頭立、一頭立と馬車の数が並んで」小栗風葉『青春』

鶯色
うぐいす・いろ
R157 G151 B59／C3 M0 Y70 K50

鶯《うぐいす》の羽のような灰色がかった緑褐色。「鶯茶《うぐいすちゃ》」ともいう。

〈用法〉
「帯は白茶と――（うぐいすちゃ）の腹合せをして居た」田山花袋『田舎教師』

深緑
ふか・みどり
R0 G88 B66／C95 M0 Y65 K60

青みと黒みの強い濃い緑色。

根岸色
ね・ぎし・いろ
R106 G113 B73／C39 M22 Y60 K50

緑がかった渋い薄茶色。江戸時代、江戸の根岸（現・台東区根岸）では砂質の上質な壁土がとれたので、その土で上塗りした壁を「根岸壁」と呼んだ。

青竹色
あお・たけ・いろ
R126 G190 B171／C50 M0 Y35 K10

青みの濃い、明るい緑色。成長した竹の色といわれる。

草色
くさ・いろ
R123 G141 B65／C30 M0 Y70 K48

若草が色濃くなったようなくすみのある濃い黄緑色。

緑青色
ろく・しょう・いろ
R53 G129 B104／C79 M38 Y66 K0

孔雀石《くじゃくいし》を砕いて作られた顔料で、そのくすんだ緑色。また「緑青」は銅が酸化してできる錆《さ》びの色。

〈用法〉
「春よりさきにしためぐみたるわか葉の――なるが、ときどきみえたるに」『建礼門院右京大夫集』

濃緑
こ・みどり

深い森のような、やや黒ずんだ緑色。

緑

青

鉄や瑠璃《るり》、唐金《からがね》など
鉱物が由来となっている名前も。
どことなく、釉薬《ゆうやく》の青みを思い出させる。

藍色

あい・いろ

R15 G87 B121／C70 M20 Y0 K60

植物の「藍」で染めたもの。色調に幅があり、広く知られているものでも四八種類があるといわれている。

〈用法〉
「そのおもての美しさ、濃き――の目には、そこひ知らぬ憂ありて」森鷗外『うたかたの記』

勿忘草色

わすれなぐさいろ

R137 G195 B235／C48 M10 Y0 K0

「忘れな草」の花のような、可憐で明るい青色。明治時代に輸入された色。

千草色

ち・ぐさ・いろ

R131 G188 B175／C52 M10 Y35 K0

わずかに緑みを帯びた、明るい青色。「千草《ちぐさ》」は、鴨頭草《つきくさ》から転訛《てんか》した名で「露草《つゆくさ》」のこと。

〈用法〉
「一人は――の股引《またひき》の膝頭に継布をあてて、継布のあたった所を手で抑えている」夏目漱石『草枕』

白藍 しら・あい
R212 G236 B238／C20 M0 Y8 K0

藍《あい》染《ぞ》めの中で薄い色で、黄みを含んだ淡い水色。

水色 みず・いろ
R188 G226 B232／C30 M0 Y10 K0

澄んだ水の色。色調には幅がある。

〈用法〉「——の手絡《てがら》が浅黒いその顔を、際立って意気に見せてゐた」徳田秋声『爛』

新橋色 しん・ばし・いろ
R100 G188 B199／C57 M0 Y20 K8

明るい緑がかった浅鮮やかな青色。明治時代から大正時代に掛けて、新橋の芸者が好んで着た色。

瓶覗 かめ・のぞき
R162 G215 B221／C40 M0 Y15 K0

藍染《あいぜん》のごく淡い青色。藍で染めたものでは、もっとも薄い色。「瓶《かめ》」は、藍の染料を入れる瓶のこと。また「覗《のぞき》」は、布などが藍瓶《あいがめ》からちょっと覗く程度に浸したことをいう。「甕覗」とも書く。

〈用法〉「縞八丈の半天《はんてん》を着て——の天拭ひを一寸吉原冠りにした意気な男」『東京曙新聞』

浅葱色 あさ・ぎ・いろ
R0 G161 B174／C82 M0 Y30 K11

藍で染めたときの「薄い藍色」のことで、薄い葱《ねぎ》の色にも似ることから「浅葱色」と呼ばれる。江戸時代、本の表紙などによく使われた。

白群 びゃく・ぐん
R131 G204 B210／C50 M0 Y20 K0

柔らかい白みを帯びた青色。

空色 そら・いろ
R160 G216 B239／C40 M0 Y5 K0

青い空の色。色調には幅がある。空は「穴（穴冠）」と「工」を合わせて作った漢字。「工」は漢字音で、空虚であることを語感とする「コーン」という発音。これに「穴」がついて、抜けて何もないことを表す。

〈用法〉「——の紙のくもらはしきに、書い給へり（空色の紙を散らした料《りょう》紙《し》に書いていらっしゃった）」『源氏物語』

青 あお
R0 G103 B176／C98 M52 Y5 K0

晴れた空の色や海の色、瑠《る》璃《り》のような色の総称。色調は幅広い。

鉄色 くろがね・いろ／てつ・いろ
R0 G82 B67／C70 M0 Y50 K70

鉄の焼肌の色のような青みが暗くにぶい青緑色。釉薬《ゆうやく》の呉須《ごす》のくすんだ青色を指すこともある。

〈用法〉「其《そ》の膚《はだ》の色は銅《あかがね》と云ふよりは——だ」中村星湖『少年行』

青

縹色
R41 G128 B175／C70 M20 Y0 K30

はなだ・いろ

藍染《あいぞ》めの色名で、藍色よりも薄く浅葱《あさぎ》色よりも濃い色。「花田色」とも書く。

〈用法〉
「小鳥らの うたはきこえず 空は今日──らし、倦《うん》んじてし 人のこころを 諫《いさ》めする なにものもなし」中原中也『山羊の歌』

紺色
R33 G58 B112／C80 M60 Y0 K50

こん・いろ

紫がかっている暗い青を指し、藍色系統ではもっとも深い色とされる。「紺」の「甘」は「含む」の意味がある。紺は青色のなかに赤色を「含んでいること」を表す。

〈用法〉
「──の夏服を着た立派な紳士が出て来て」夏目漱石『満韓ところどころ』

露草色
R35 G157 B218／C73 M21 Y0 K0

つゆ・くさ・いろ

早朝に咲く露草《つゆくさ》の花のような明るい薄青色。

〈用法〉
「四十七八なる嬶《かかあ》が、よごれたる──の布子に、むかしぬり笠に」『浮世草子・好色二代男』

水縹
R126 G199 B216／C50 M0 Y13 K5

みず・はなだ／み・はなだ

藍染《あいぞ》めの中でも薄い色で、明るい青色。

〈用法〉
「──（みはなだ）の絹の帯を引き帯なす 韓帯に取らせ」『万葉集』

群青色
R78 G103 B176／C75 M58 Y0 K0

ぐん・じょう・いろ

紫みがかった深い青色で色調に幅がある。「群」の「君」は大勢を率いること。羊の群れのように丸く一団が調和していることを表す。

〈用法〉
「その透明な──（ぐんじょう）のうぐひすが」宮沢賢治『春と修羅』

紺青
R19 G52 B99／C80 M55 Y0 K60

こん・じょう

群青《ぐんじょう》のうち上品で、とくに色の濃い紺色のこと。紫が濃い。

瑠璃色
R29 G80 B162／C90 M70 Y0 K0

る・り・いろ

濃い紫みの、鮮やかな青色。瑠璃《るり》はもともと仏教世界の中心にあるとされる「須弥《しゅみ》山《せん》」で産出する宝玉のひとつといわれた。瑠璃鳥《るりちょう》の美しい青色の翼の色にも似ている。

〈用法〉
「──の実を光らしてる茄子《なす》」小杉天外『はやり唄』

濃紺
R0 G26 B69／C100 M90 Y38 K50

のう・こん

濃い藍染《あいぜん》の色を紺色というが、そのなかでも特に濃い紺色。

〈用法〉
「──のジャケツの下にはでなチョッキを着た」森鷗外『鼠坂』

納戸色
R0 G125 B146／C82 M0 Y22 K40

なん・ど・いろ

緑色を帯びた深い青色。赤味が少なくやや鼠《ねずみ》色を帯びた色を「納戸《なんど》」と呼ぶ。

〈用法〉
「其真中《そのまんなか》の六畳《ろくじょう》許《ばか》りの場所は冴えぬ色のタペストリで蔽《おお》はれて居る。地は──、模様は薄き黄で」夏目漱石『倫敦塔』

錆納戸
R0 G89 B109／C90 M47 Y40 K30

さび・なん・ど

くすんだ深い緑がかった青色。

青

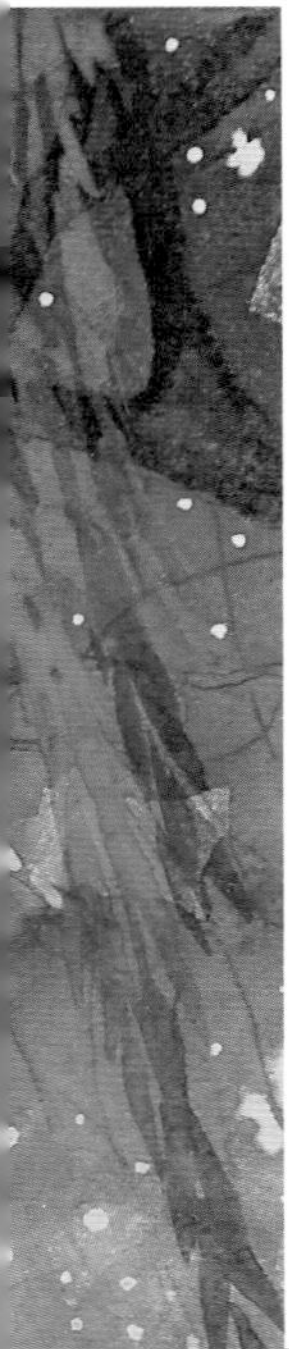

水浅葱色

みず・あさ・ぎ・いろ

薄い浅葱《あさぎ》色。江戸時代は、囚人の服の色として使われた。

〈用法〉

「ながれのきしのひともとは、みそらのいろの――（みづあさぎ）」上田敏訳『海潮音』

唐金

から・かね

銅、錫《すず》を主体とし、鉛、鉄、ニッケルなどを加えた合金で、青黒色。

山藍摺

やま・あい・ずり

山藍《やまあい》で摺り染めた布の色で、灰色がかった青緑。山《やま》藍《あい》は、トウダイグサ科の多年草。

鴨頭草色

つ・き・くさ・いろ

友禅染の下絵に用いられていた青花紙《あおばながみ》の濃い青色。「鴨頭草《つきくさ》」は、ツユクサのこと。

褐返

かち・かえし

深い紺色。藍染《あいぞ》めのひとつ。「褐」の「曷」は「不十分であること」を意味する。「褐」は不十分な、粗末な衣類を表す。

紫

花と染物の色名に大分される。「濃色《こきいろ》」、「半色《はしたいろ》」が紫を指すように、古く平安時代から、「色」といえば紫が愛された。

藤色

ふじ・いろ

R187 G188 B222　C30 M25 Y0 K0

藤の花からきた色名で、淡い青みのある紫色。「若《わか》紫《むらさき》」とも呼ばれる。花の色は美しいが、「藤」は蔓《つる》草《くさ》のため、「葛藤《かっとう》」などということばで見られるように、ほかのものに絡まって一緒になることも表している。

竜胆色

りん・どう・いろ

R144 G130 B177／C50 M50 Y10 K0

薄い青紫色。秋の野に咲くリンドウの花の色。

若紫

わか・むらさき

R166 G136 B189／C40 M50 Y0 K0

淡い青みのある紫色。藤の花の色。

〈用法〉
「かすが野の——のすり衣しのぶのみだれ限り知られず（春日野の若々しい紫草で染めた衣のしのぶ擦りの模様が乱れるように、私の心も乱れております）」『伊勢物語』

茄子紺

な・す・こん

R75 G26 B71／C40 M73 Y0 K70

茄子《なす》の実の色のような暗い紫色。

〈用法〉
「オリーブの——のと云《い》はない昔、紫は江戸の代表色である」矢田挿雲『江戸から東京へ』

菫色

すみれ・いろ

R112 G84 B160／C65 M72 Y0 K0

菫《すみれ》の花の色。やや青みの濃い紫色。菫《すみれ》の花は万葉の時代から愛されてきた。「菫」の「艹」の下の部分は、「謹」などの漢字でも使われるように、すっきり真っ直ぐに立っていることを表す。色としても、そのような美しさを示す。

〈用法〉
「廂髪《ひさしがみ》に——の袴《はかま》を穿いて海老《えび》茶《ちゃ》のメリンスの風呂敷《ふろしき》包をかかへて居た」田山花袋『田舎教師』

桔梗色

き・きょう・いろ

R86 G84 B162／C75 M70 Y0 K0

平安時代から愛されていた色名で、青紫。桔梗の花の色。

〈用法〉
「八月〈略〉——（ききゃう）表はなだ裏同じ」『藻塩草』

半色　はした・いろ

R157 G131 B172／C42 M50 Y10 K5

薄色《うすいろ》より濃く、「禁色」とされる深紫と「聴色《ゆるしいろ》」の「浅紫」の中間の中紫よりうすい淡い紫色。「端色」とも。

紫苑色　し・おん・いろ

R98 G68 B152／C72 M80 Y0 K0

紫苑《しおん》はキク科シオン属の多年草。紫苑《しおん》の花の色のような、少し青みのある薄い紫色。

〈用法〉

「殿上人、――（しおにいろ）のさしぬき、この御念仏よりきはじめ給《たま》しか（殿上人が紫苑色の指貫《さしぬき》を着用するようになったのは、この東北院での御念仏のときからなのですよ）」『今鏡』

濃色　こき・いろ

R65 G46 B73／C88 M100 Y70 K0

紫根染めを繰り返して作る。黒みがかった深い紫色。

紫　むらさき

R172 G91 B160／C37 M73 Y0 K0

青と赤の間色《かんしょく》。伝統的には多年草である紫草の根を使って染めたものをいう。古代中国では「紫禁《しきん》」、「紫《し》宸《しん》」など、宮廷に関する高貴な色、尊ぶ色として使われた。

〈用法〉

「むさしのといへばかこたれぬと――のかみにかい給へる（武蔵野といえば理由はわからないが、つい連想がはたらく）」『源氏物語』

藤紫　ふじ・むらさき

R165 G154 B202／C40 M40 Y0 K0

藤の花のような、明るい青紫色。

薄色　うす・いろ

R157 G137 B157／C25 M35 Y10 K30

紫根《しこん》に椿の灰汁《あく》で染めた薄い紫色。

〈用法〉

「あてなるもの、――に白襲《しらがさね》の汗衫《かざみ》（上品なもの、薄色に白襲《しろがさね》の汗を取るための下着）」『枕草子』

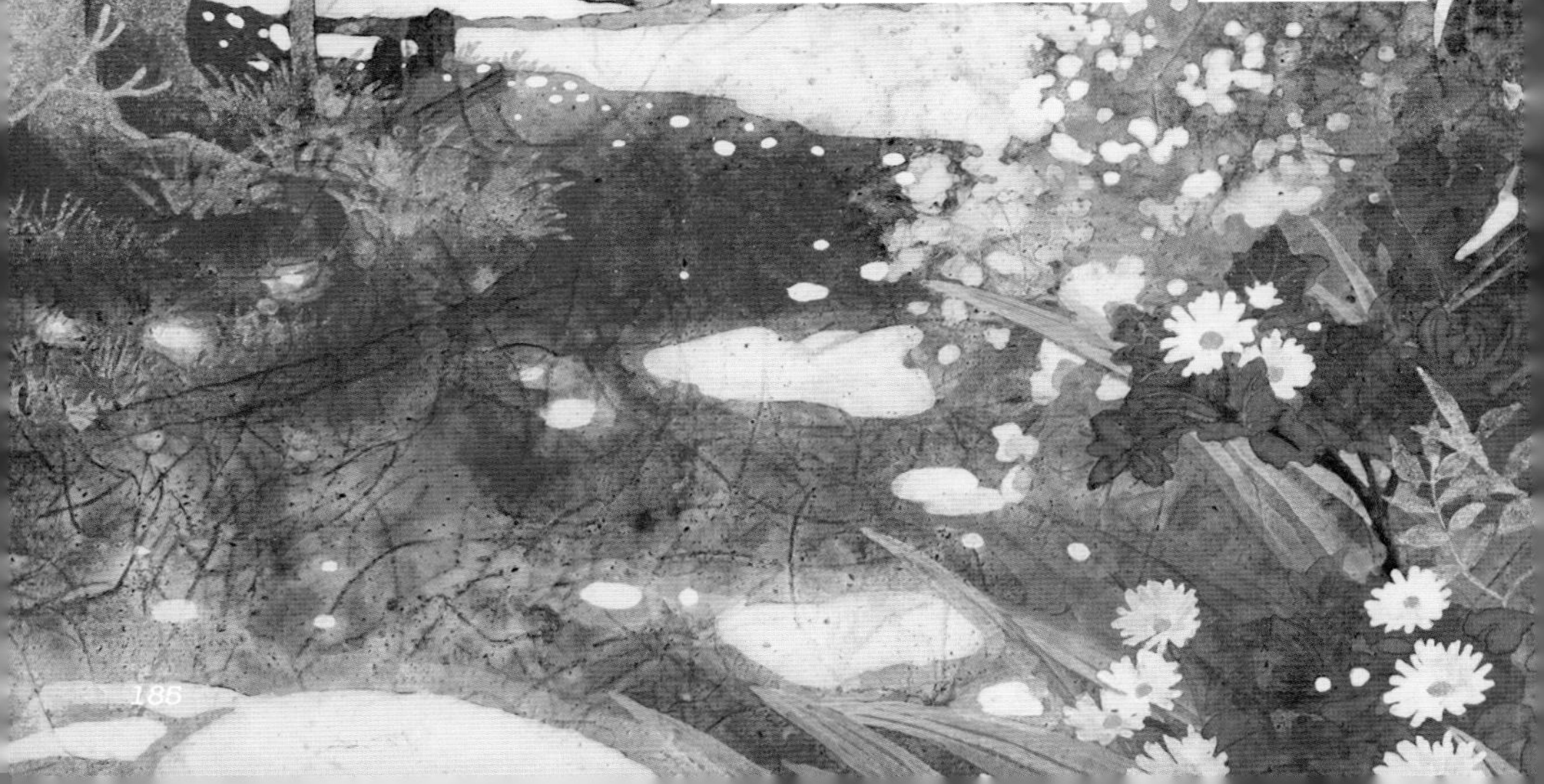

楝色

おうち・いろ

R116 G88 B163／C63 M70 Y0 K0

植物・栴檀《せんだん》の古名。センダン科の落葉高木。初夏に淡紫色の花をつける。初薄い青紫色。

〈用法〉
「むらさきの紙に――（あうち）の花、あをき紙に菖蒲の葉、ほそくまきてゆひ、また、しろき紙を、根してひきゆひたるもをかし」『枕草子』

似紫

にせ・むらさき

R85 G41 B90／C80 M100 Y50 K0

紫根染めが高価だったため、似せて藍染めしてから茜《あかね》や蘇芳《すおう》を重ねたり、蘇芳《すおう》を鉄で発色させたりして、紫色を再現したもの。紫根染めを「本紫《ほんむらさき》」と呼ぶのに対して、紫に似せたという意味で名が付いた。

江戸紫

え・ど・むらさき

R115 G78 B149／C60 M72 Y0 K12

江戸で染められた紫。青みを帯びた紫。歌舞伎の『助《すけ》六《ろく》由縁《ゆかりの》江《え》戸《ど》桜《ざくら》』で助六が頭に巻いている鉢巻の色とされる。

古代紫

こ・だい・むらさき

R137 G86 B135／C35 M63 Y0 K32

赤みを帯びた、くすんだ紫色。紫草という多年草の根で染めたもの。江戸紫や京紫に対し、日本古来の少しくすんだ色という意味合いで呼ばれる。ややくすんだ感じの紫。

二藍

ふた・あい

R81 G65 B95／C56 M60 Y22 K50

藍《あい》染《ぞ》めに紅花の赤を重ねた色味を指す。

滅紫

けし・むらさき／めっ・し

R91 G54 B82／C50 M70 Y30 K50

「滅」は「なくす」。彩度を落とした紫を指す。

菖蒲色

しょう・ぶ・いろ

R103 G65 B150／C70 M82 Y0 K0

花菖蒲《はなしょうぶ》の紫の花の色に似た赤味がかった紫色。花《はな》菖蒲《しょうぶ》の本格的な栽培がはじまったのは江戸時代。堀切地方にいくつも菖蒲園《しょうぶえん》が作られ、名所として栄えたという。

菖蒲色

あや・め・いろ

R204 G125 B177／C20 M60 Y0 K0

「菖蒲」は「しょうぶ」とも「あやめ」とも読み、「あやめ」色の場合はこの色（色見本参照）を指す。

京紫

きょう・むらさき

R115 G61 B109／C62 M84 Y33 K10

京都で染めた紫。江戸紫に対して付けられた色名。江戸紫は活気ある印象、それに対して京紫は雅やか。

本紫

ほん・むらさき

R146 G59 B145／C50 M86 Y0 K0

紫根染めで染められた、あざやかな紫色。

紫黒

し・こく

紫がかった黒い色。

〈用法〉
「虫は〈略〉――色の肌がはち切れさうに肥《ふと》って居て」寺田寅彦『簑虫と蜘蛛』

白・灰

消え入るような中間色。無彩色という印象の強い白や灰にも、ことばの由来によって微妙な印象の違いが出る。

生成り色
き・なーり・いろ

R251 G250 B243／C0 M0 Y5 K3

「生成り」は綿や麻など天然素材のありのままのことで、糸や生地は漂白や染色など、何も加えていない状態のものをいう。

乳白色
にゅう・はく・しょく

R255 G255 B251／C0 M0 Y3 K0

わずかに黄色みのある乳のような白色。

〈用法〉

「天才が持つと称せられるあの青色をさへ帯びた——の皮膚」有島武郎『或る女』

卯花色
うの・はな・いろ

R246 G250 B237／C5 M0 Y10 K0

卯花《うのはな》のような、わずかに色みのある白色。「卯花《うのはな》」は、空木《うつぎ》の異名。夏の初めに花を咲かせる。

〈用法〉

「厚塗の立烏帽子《たてえぼし》に——色の布《ほ》衣《い》を着け」高山樗牛『滝口入道』

灰汁色
あ・く・いろ

R147 G137 B112／C0 M9 Y29 K55

灰汁《あく》のような黄みがかった灰色。灰汁《あく》は藁《わら》や木を燃やしてできた灰に、湯を注いだものの上澄みのこと。

深川鼠
ふか・がわ・ねず

R137 G158 B142／C33 M8 Y30 K35

薄い青緑みの灰色。江戸「深川」の芸妓や、そこに遊びに行く人が好んで着た色。

銀鼠
ぎん・ねず

R175 G175 B176／C0 M0 Y0 K43

銀色のようなほんのり明るさを含んだ灰色。

砂色
すな・いろ

R220 G211 B178／C0 M5 Y25 K20

海岸の砂浜の色。灰色がかった薄い黄色。

白
しろ

R249 G249 B249／C0 M0 Y0 K4

雪のような色。すべての色の可視光線が乱射されたとき、目に感じられる色。

青鈍
あお・にび

R93 G105 B112／C20 M0 Y0 K70

青みの暗い灰色。平安時代には喪服の色に使われた。

〈用法〉

「経、仏の飾り、はかなくしたる閼伽《あか》の具などもをかしげに〈略〉——の几帳《きちょう》、心ばへをかしきに(経巻《きょうかん》や仏具飾り、何気ない閼伽《あか》の具なども、風情があり〈略〉青鈍の色をした帳なども本当に美しい)」『源氏物語』

空五倍子色
うつぶしいろ

R117 G99 B82／C0 M20 Y30 K68

白膠木《ぬるで》の枝に生ずる、五倍子《ふし》で染めた薄黒い色。喪服に使われる色。白膠木《ぬるで》大耳《おおみみ》五倍子《ふし》油虫《あぶらむし》は、アリマキ（アブラムシ）の一種。体長約一・五ミリメートル。体は丸く、白色の蝋《ろう》物質でおおわれ、翅《はね》はない。白膠木《ぬるで》の枝葉に寄生し、不整形の虫こぶを作らせる。

梅鼠
うめ・ねず

R153 G126 B123／C17 M35 Y26 K40

赤味のある灰色。

灰色
はい・いろ

R121 G120 B120／C0 M0 Y0 K67

灰のような、白と黒との中間の色。陰気で寂しいこと、また味わいや雰囲気に捉えどころがないことにも使う。

〈用法〉
「重苦しい――の空気で鎖《とざ》された」夏目漱石『行人』

鉛色
なまり・いろ

R122 G124 B125／C3 M0 Y0 K65

鉛のような、少し青みを帯びた灰色。「鉛」は、「あおがね」と呼ばれる。

〈用法〉
「高知湾の海が――に光ってゐる」安岡章太郎『海辺の光景』

利休鼠
り・きゅう・ねずみ

R123 G129 B116／C12 M0 Y20 K60

緑みがかった中明度の灰色。

〈用法〉
「雨はふるふる、城ヶ島の磯に、――の雨がふる」北原白秋『白秋小唄集』

鼠色
ねずみ・いろ

R148 G148 B149／C0 M0 Y0 K55

ネズミの体毛のような、銀色に似た灰色。「鼠色《ねずみいろ》」は江戸時代に流行し、百種あるともいわれた。「四十八《しじゅうはっ》茶百鼠《ちゃひゃくねず》」は、四十八種類の茶色と、百種類の鼠色《ねずみいろ》という意味で使われた。

〈用法〉
「主人は――の毛布を丸めて書斎へ投げ込む」夏目漱石『吾輩は猫である』

薄墨色
うす・ずみ・いろ

R149 G150 B150／C8 M5 Y6 K50

墨を薄めたようなやや薄い灰色。訃報などに使われる。

〈用法〉
「朝来《あさより》もよほす――の空模様」樋口一葉『別れ霜』

鈍色
にび・いろ

R114 G122 B129／C63 M50 Y44 K0

濃い灰色。「鈍」とは刃物などが切れなくなることをいう。「どんじき」と読むと、法衣《ほうえ》の一種。袍服《ほうぶく》と同じく上衣（袍＝ほう）とはかま（裙＝くん）と帯の三つから成るが、袍服《ほうぶく》が袷《あわせ》であるのに対して、単衣《ひとえ》であるもの。無紋の絹の良質なもので仕立て、僧綱領《そうごうえり》を立てる。

真白　ま・しろ

「純白《じゅんぱく》」ともいう。鉛、貝殻などから作られる顔料。

〈用法〉
「田子《たご》の浦《うら》ゆうち出でて見れば——にそ不尽《ふじ》の高嶺《たかね》に雪は降りける（静岡県富士郡富士川東南の、田子の浦を通って広々と見晴らしのよいところに出てみると、真っ白に、まあ、富士山の高嶺に雪が降り積もっているなあ）」山部赤人『万葉集』

仄白い　ほの・じろ-い

ほのかに白い。かすかに白い色。「仄」は、人の姿が影に隠れて見えないことを表す。色としても、かすかに色が白と区別して見える程度であることを意味する。

〈用法〉
「暗がりの中にそれだけが——（ほのじろく）浮いてゐる彼女の寝顔をぢっと見守った」堀辰雄『風立ちぬ』

素色　そ・しょく

手を加えていない、天然素材そのままの状態の色。

糟毛　かす・げ

馬の毛色のひとつ。白毛に黒毛または赤毛の入りまじったもの。

金銀

豪華絢爛な金は、おめでたい場面に。銀は渋く、鈍い印象のことばを綴る。「金銀砂子《きんぎんすなご》」は、金箔や銀箔を細かく砕いて絵を装飾するための粉のこと。

黄金色

こ・がね・いろ

R228 G155 B0／C10 M46 Y98 K0

「山吹色《やまぶきいろ》」、「こんじき」ともいう。赤みをおびた黄色。

〈用法〉

「青い蜜柑林には、そっちこっちに——した蜜柑が、小春の日光に美しく輝いてゐた」徳田秋声『爛』

銀灰色

ぎん・かい・しょく

R225 G226 B229／C3 M2 Y0 K15

銀色を帯びた灰色。

〈用法〉

「こっちから見ると、雨上りのやうな——の海をバックに、突き出てゐるウインチの腕」小林多喜二『蟹工船』

燻銀

いぶし・ぎん

R131 G132 B135／C5 M3 Y0 K60

いぶしをかけた銀。表面が濃い灰色になる。またくすんで渋みのある銀色。

〈用法〉

「烟《けむり》が風に押しつけられて、荒れた——の海の上を、千切れ千切れになって飛んで行く」志賀直哉『暗夜行路』

白銀

しろ・がね

R220 G227 B233／C8 M2 Y0 K12

「銀」のこと。「黄金」は「金」、「赤金」が「銅」に対していう。また銀の粉を、膠《にかわ》に溶かしたものを銀泥《ぎんでい》という。

〈用法〉

「鐘鳴り雲収まりて日は全く暮れ、碧玉《へきぎょく》の天井に——（はくぎん）のらんぷはやや光りを放てり」幸田露伴『露団々』

金襴

きん・らん

織物の一種。綾、繻子《しゅす》、羅、紗《しゃ》などの緯《よこいと》に、紙に金箔を貼って、これを細く切った平金糸《ひらきんし》で模様を織り出したもの。「金襴緞子《きんらんどんす》」ということばでよく使われる。緞子《どんす》は、厚い地の絹織物。金襴《きんらん》も、緞子《どんす》も、ともに高価な織物であるところから、高価な織物の意にも用いられる。

金色

きん・いろ

金属の金（gold）のように光沢のある黄色。

銀色

ぎん・いろ

金属の銀（silver）のように光沢のあるグレイ。

紫磨金色

し・ま・ごん・じき

もともと仏教用語で、紫色を帯びた純金。紫磨黄金色《しまごんじき》の身体、転じて、仏様のことをいう。

いかけぢ

蒔絵《まきえ》の技法のひとつ。漆塗りの上に金粉や銀粉を流し、さらに漆を塗り重ねて磨き上げたもの。

金泥

こん・でい／きん・でい

金の粉末を膠水《こうすい》で溶いて顔料としたもの。

〈用法〉

「――の柱の側に掌を合はせたは、住職」島崎藤村『破戒』

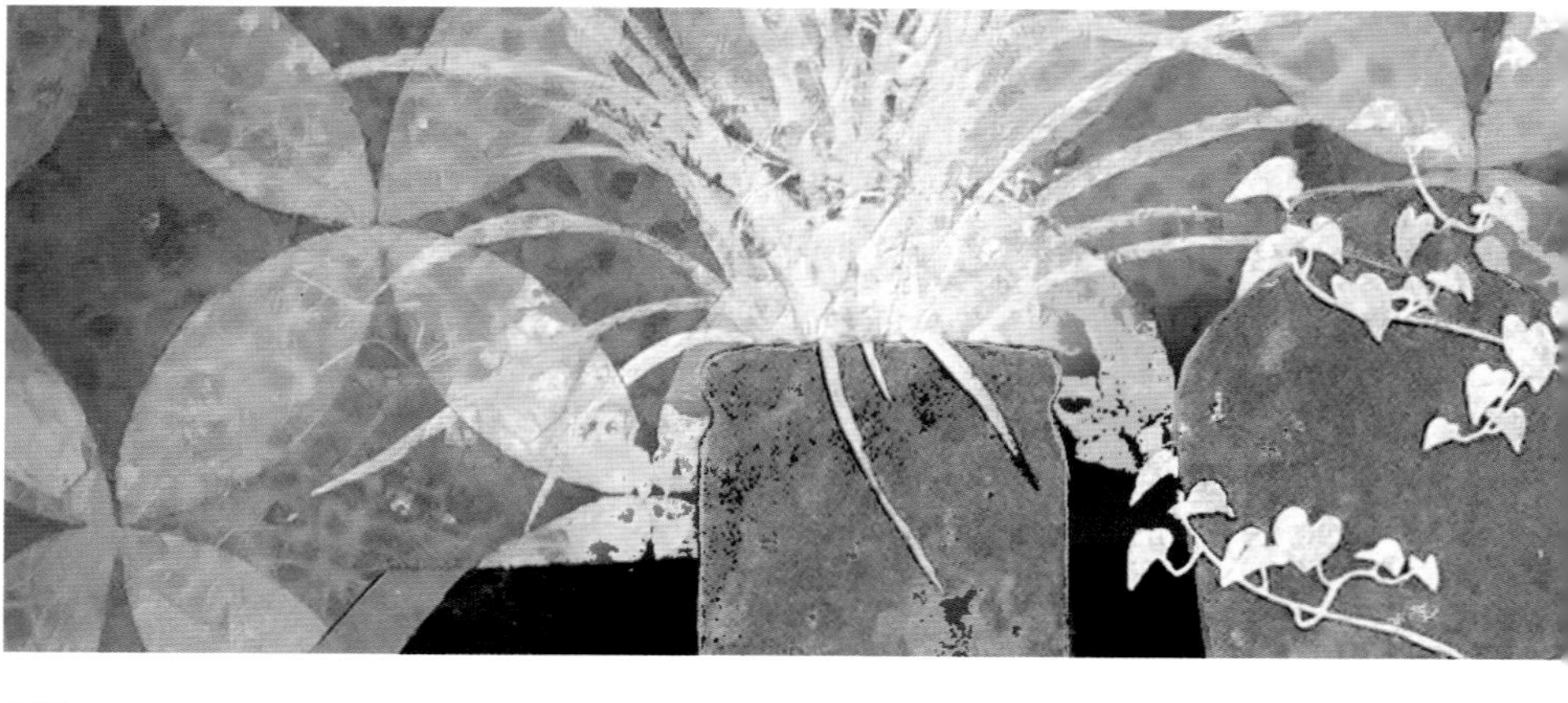

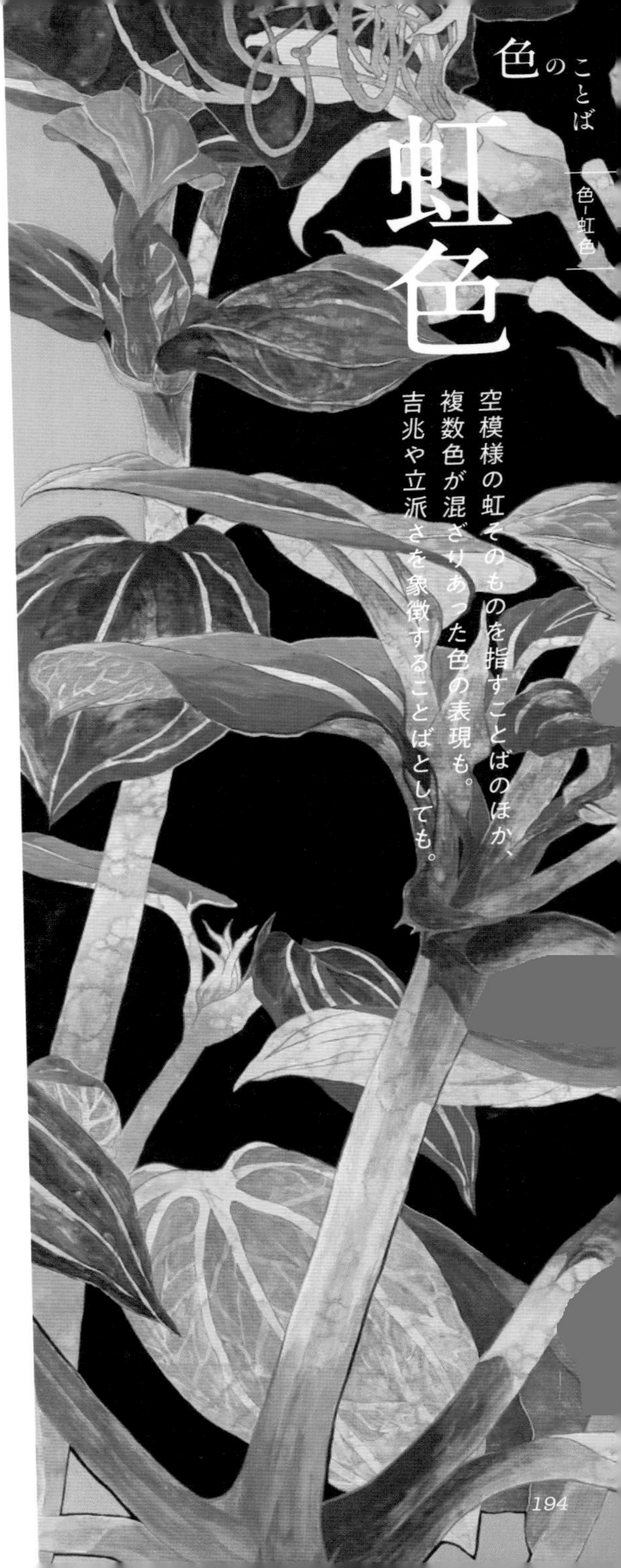

色のことば

虹色

色-虹色

空模様の虹そのものを指すことばのほか、
複数色が混ざりあった色の表現も。
吉兆や立派さを象徴することばとしても。

錦

にしき

数種の色糸で地織りと文様を織り出した美しい織物。転じて、彩りが美しく立派なことにも使う。

〈用法〉

「——おりなす長堤《ちょうてい》にくるればのぼる　おぼろ月」瀧廉太郎『春』

雲霓

うん・げい

雲と虹のこと。または虹そのもの。ひどく待ち焦がれることを「大旱《たいかん》の雲霓《うんげい》」という。もともとは『孟子』の一説で、ひどい日照りのときに雨が降り、虹が出ることを待ち望むこと。

朝虹　夕虹

あさ・にじ　ゆう・にじ

朝虹《あさにじ》は雨が降る前兆とされ、夕虹《ゆうにじ》は晴れの前触れとされる。「朝虹は雨、夕虹は晴れ」と使われる。朝虹は西の空、夕虹は東の空に現れる。日本では、気圧の関係で、西から東に向かって天候が変わる。そのため、朝虹が出るときは西側から雨がやってきて、夕虹では東側には雨が降っているが、西側は晴れていることを示す。したがって、朝虹からは雨になり、夕虹なら翌朝から晴れになる公算が強い。

虹霓
こう・げい

虹のこと。「虹」は、はっきりと見える主虹をいい、「霓」はその外側に薄く見える副虹をいう。古代中国では、これらをそれぞれ雌雄の蛇または竜と考えた。

錦色
きん・しょく

錦のように美しい色のこと。

彩雲
さい・うん

太陽の近くの雲に、緑や赤など、多色の模様がまだらに見える現象。雲が虹のように美しい色をまとう。観測は珍しくないが、昔から吉兆のしるしとされてきた。「瑞雲《ずいうん》」、「慶雲《けいうん》」、「景雲《けいうん》」、「紫雲《しうん》」などの雅称《がしょう》がある。

玉虫色
たま・むし・いろ

タマムシの翅《はね》のように、光線の加減によって色調が違って見える染め色。比喩的に、異なった見方や立場や解釈の違いによって、よいほうにも悪いほうにもとれる曖昧な表現のこと。

〈用法〉「——の見解」

天弓
てん・きゅう

虹のこと。「帝弓《ていきゅう》」などともいう。

七彩
しち・さい

七つの色のこと。転じて、美しい彩りのこと。

四季の色

色から季節を感じさせる表現。
日本の四季を彩る色の数々。

春

長春色

ちょう・しゅん・いろ

R222 G114 B123／C0 M65 Y33 K10

灰色がかった鈍い紅（152ページ参照）。古く中国から渡来した「庚申薔薇《こうしんばら》」の漢名「長春花《ちょうしゅんか》」の色とされる。

白菫色

しろ・すみれ・いろ

白菫《しろすみれ》の花のような、ほとんど白に近い紫色。

梅重

うめ・がさね

重なり合った紅い梅の花のような、明るい紅赤色。

「夏」

蝉の羽色

せみ・の・は・いろ

襲《かさね》の色の組み合わせで、檜皮《ひわだ》の茶色と、青（緑）を重ねることをいう。

若竹色

わか・たけ・いろ

R103 G190 B141／C60 M0 Y55 K0

若竹のように黄みの薄い爽やかな緑色。「青竹」色（176ページ参照）に比べてより若い青竹の色を表す。

杜若色

かきつばたいろ

R70 G83 B162／C80 M70 Y0 K0

紫色の美しい花を咲かせる杜若《かきつばた》の花の色。青みのある鮮やかな紫。杜若《かきつばた》は水辺で茎を出し花を咲かせ、菖蒲《あやめ》は乾燥した土から茎を出し花を咲かせる。平安時代の歌人・在原業平《ありわらのなりひら》の短歌に『からごろも　きつつなれにし　つましあれば　はるばる来ぬる　たびをしぞ思ふ（唐衣を着慣れるように慣れ親しんだ妻は、京にいるので、はるかここまでやってきた旅のつらさを身に染みて感じてしまう）』とある。これは、各句の頭文字を拾うと「かきつばた」となるように詠まれている。このように、ある文章や句に別の意味をもつことばを織り込んだものを「折句《おりく》」と呼ぶ。

四季の色

秋

栗色
くり・いろ
R118 G46 B5 / C0 M70 Y80 K65

栗の皮のような赤みの焦茶《こげちゃ》色のことで、「栗皮色」ともいう。栗は実も樹皮も染材となるが、染色のことではなく栗の実の表皮の色。

柿渋色
かき・しぶ・いろ
R148 G80 B56 / C48 M77 Y85 K5

柿渋のような暗い橙《だいだい》色。
柿渋とは青い渋柿の絞り汁のこと。

柿色
かき・いろ
R237 G109 B61 / C0 M70 Y75 K0

くだものの柿のような鮮やかな朱赤のこと。

〈用法〉
「裕衣《ゆかた》を重ねし唐桟《とうざん》の着物に——の三尺を例の通り腰の先にして」樋口一葉『たけくらべ』

枯れ色
か-れ・いろ
R238 G202 B142 / C7 M24 Y48 K0

草や木の葉の枯れはてた色。くすんだ黄色。

冬

白兎《しろ・うさぎ》

真っ白い兎の体毛のような、白色をいう。

白銀《はく・ぎん》

銀色のこと。降り積もった雪をたとえていう。

〈用法〉「——の世界」

枯野色《かれ・の・いろ》

冬枯れしたすすきの野原のような色で、薄いベージュ色をした白色。

皓《こう》

雪や月などの白く輝く色をいう。

色の慣用句・ことわざ

さまざまな色が彩る、ことばの世界。文意によって色の印象が大きく変わるため、見比べてみるのも面白い。中間色よりも、赤や青、黒、白など、はっきりとした色を指すことばが慣用句として使われやすい傾向にある。

「赤」

赤《あか》目《め》を張《は》る

顔を赤らめる。赤面する。また、血眼《ちまなこ》になる。物事に熱中して一所懸命になる。

赤《あか》腹《はら》を垂《た》れる

うそをいう。うそをつく。「赤腹《あかはら》をつく」ともいう。

赤《あか》子《ご》の腕《うで》をねじる

抵抗力のないものに暴力をふるう。また、力を用いないでやすやすとできることのたとえ。

赤《あか》螺《にし》のつぼ焼き

にせもの、まがいもの。サザエの壺焼きと称して、赤《あか》螺《にし》（アッキガイ科の巻貝）の肉を、サザエの殻に入れて出す店があったことからいう。

赤《あか》きは酒《さけ》の咎《とが》

顔色の赤いのは飲んだ酒のせいで、飲んだ私のせいではない。酒飲みの言い訳のせりふ。転じて自分の過ちを認めず、責任のがれをすること。

赤《あか》松《まつ》をぶち割《わ》ったよう

体格ががっしりしているさま。また、気性がさっぱりしているさま。

赤《あか》き心《こころ》

いつわりのない、誠実な心。「赤心《せきしん》」とも。

赤《あか》手《で》を擦《す》る

武器を捨て、降服《こうふく》の意を表わす。もみ手をしてあやまる。

赤《あか》子《ご》は泣《な》きながら育《そだ》つ

赤ん坊の泣くのは健康のしるしである。赤子が泣くのは親孝行。

赤《せき》貧《ひん》、洗《あら》うが如《ごと》し

きわめて貧しくて、洗い流したように何ひとつ持ち物のないさま。

「青」

青田《あおた》を買《か》う

まだ稲が実らないうちに、収穫の見込みをつけて買う。見込み買いの投機《とうき》をする。また、企業が卒業見込みの生徒や、学生の採用を採用期間よりも前に内定すること。青田買《あおたが》い。青田刈《あおたが》り。

青柿《あおがき》が熟柿《じゅくし》を弔《とむら》う

熟した柿が地面に落ちたのを、隣のまだ青い柿が弔う。青い柿も、いずれは熟柿《じゅくし》になるところから、弔《とむら》う者も弔《とむら》われる者も、さしたる違いのないことのたとえ。「五十歩百歩」とも。

青息吐息《あおいきといき》

苦しみ、困ったときに吐くため息。また、そのようなときの様子。

青石《あおいし》が物《もの》を言《い》う

石さえものをいうかもしれないから、人が居ないからといって、むやみに悪口などをいってはならない。口はつつしむべきである。「壁に耳あり障子に目あり」とも。

青田《あおた》と赤子《あかご》は褒《ほ》められぬ

稲作も人間も、育っている途中では将来どうなるかわからないから、完成前ののをほめたり喜んだりしてもむだである。

青筋《あおすじ》を立《た》てる

顔に静脈を浮き出させる。はげしく怒ったり、興奮したりしているさま。

青雲八町《あおぐもはっちょう》

無限に見通せるような青空も、肉眼にはいるのは、せいぜい地上八町（約八〇〇メートル）の高さまでである。「青雲」は、高い空のこと。

青天《せいてん》の霹靂《へきれき》

青く晴れた空に、突然におこる雷。思いがけない突発的事変のたとえ。

出藍《しゅつらん》の誉《ほま》れ

弟子が師よりもすぐれていること。「青《あお》は藍《あい》より出《い》でて藍《あい》より青《あお》し」とも。『荀子《じゅんし》』のことば。

青雲紫陌《せいうんしはく》の識《そし》り

天地を隔てたほどの、識《そし》り。はるかに隔絶《かくぜつ》して気の合わないこと。「紫陌《しはく》」は、「都の道路」、「都の街」のこと。

黒

黒頭巾《くろずきん》をかぶる

自分の姓名や身分を隠して行動することのたとえ。人形遣いが黒頭巾をかぶるところからいう。

悪魔《あくま》は絵《え》に描《か》かれているほど黒《くろ》くない

物事は、誇張《こちょう》して伝えられがちなので、悪魔も絵では恐ろしい形相《ぎょうそう》をしているが、実際はそうとは限らない。世間であれこれ非難しているほど、実際に悪い人はいないというたとえ。

黒牛《こくぎゅう》、白犢《はくとく》を生《う》む

黒い牛が白い小牛を生む。人間世界のまわり合わせの吉凶《きっきょう》は、一定していないというたとえ。『列子《れっし》』のことば。

黒白微塵《こくびゃくみじん》

どれもこれも区別なく、すべてくだけること。だれかれの区別なく、さんざんに打ち倒すさま。

頭《あたま》の黒《くろ》い鼠《ねずみ》

鼠がものをかすめとるように、ものを盗む人。家の中のものが急になくなったときなどに、頭髪の黒い人間を鼠《ねずみ》になぞらえて、犯人は鼠でなく人間であろうとほのめかしていう。

白

白衣《はくい》の天使《てんし》

白衣を着た看護婦。天使のように気高いものとしていう。

白紙《はくし》も信心《しんじん》次第《しだい》

一枚の白紙のようなつまらないものでも、信仰することによって、たいそうありがたいものとなる。信仰心が不思議な力をもつことのたとえ。「鰯《いわし》の頭も信心から」とも。

白《しら》を切《き》る

知らないふりをする。しらばくれる。知らん顔をする。

白豆腐《しろどうふ》の拍子木《ひょうしぎ》

見かけだけで役に立たないもののたとえ。また、手ごたえのないもののたとえ。「白豆腐《しらどうふ》」は、木綿でこした豆腐。豆腐を拍子木《ひょうしぎ》（雅《が》楽《がく》やお囃子《はやし》の拍子をとるための木の音具）の形にしても、打つ道具にはならないことからいう。

白《しろ》き糸《いと》の染《そ》まんことを悲《かな》しむ

地のままの白糸が色を染められるのを惜しむように、もとあったものが、変わってしまうことを悲しむ。特に、悪くなることを悲しむこと。

烏《からす》の黒《くろ》いのは磨《みが》きがきかぬ

もって生まれた性質は変えられないこと。「無患子《むくろじ》（ムクロジ科の落葉高木。実が黒い）は三年磨いても黒い」とも。

黒焼《くろや》きにせねど小判《こばん》は惚《ほ》れ薬《ぐすり》

古来、イモリの黒焼きは惚れ薬とされるが、小判は何もしなくても、思う相手の心を動かすことができる。

蝨《しらみ》は頭《あたま》に処《い》て黒《くろ》し

白い蝨《しらみ》も黒い頭髪の中にいれば黒くなる。周囲の影響を受けて変わること。

お釈迦様《しゃかさま》にもお経《きょう》、鬼《おに》めにも黒鉄《くろがね》の寄《よ》り棒《ぼう》

どんな人にも、それなりの道具が必要なこと。「寄り棒」は捕吏《ほり》（犯人を捕らえる役人）などが持っている、樫《かし》の木などで作った棒。

白雪《しらゆき》、却《かえ》って黒《くろ》し

物事は見方や理屈しだいで、正反対にでもどうにでも変わる。禅宗のことば。

白壁《しらかべ》に蝙蝠《こうもり》の止《と》まったよう

はっきり目立つさまのたとえ。白い壁に、黒い蝙蝠《こうもり》が目立つことから。

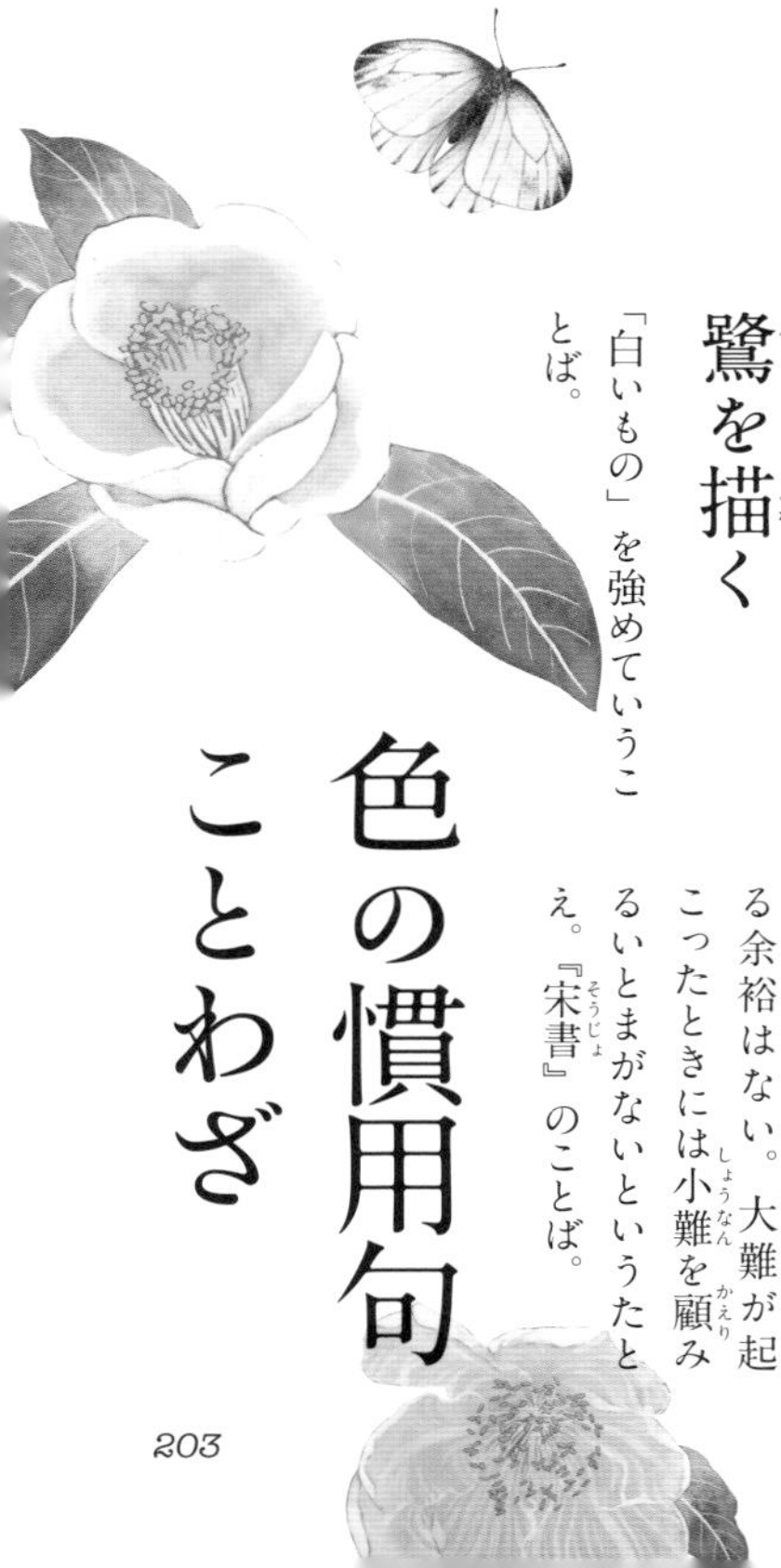

白羽《しらは》の矢《や》が立《た》つ

多くのなかから、特に指定して選び出されること。よいことの場合にも、悪いことの場合にも用いる。もとは、多くのなかから犠牲者として選び出されることをいった。人身御供《ひとみごくう》を求める神が、希望する処女の家の屋根に、人知れず白羽《しらは》の矢《や》を立てるという、俗説による。

白粉《おしろい》の看板《かんばん》に鷺《さぎ》を描《えが》く

「白いもの」を強めていうことば。

白《しろ》き骨《ほね》は父《ちち》の恩《おん》、肉叢《ししむら》は母《はは》の恩《おん》

子の身体は、すべて父母の恩によって与えられたものである。

白刃《はくじん》、前《まえ》に交《まじ》われば、流矢《りゅうし》を顧《かえり》みず

敵の刀が目の前にあるときには、流れ矢に注意している余裕はない。大難《だいなん》が起こったときには小難《しょうなん》を顧《かえり》みるいとまがないというたとえ。『宋書《そうじょ》』のことば。

明るい色

明《あ》かき所《ところ》には王法《おうほう》あり、暗《くら》き方《かた》には神明《しんめい》あり

悪いことは、明るい所でしても暗い所でしても、必ず人の知るところとなり罰せられる。「暗き所には神明《しんめい》あり、明らかなる所には王法《おうぼう》あり」とも。

明眸皓歯《めいぼうこうし》

美しく澄みきった眸《ひとみ》と白くととのった歯。また、その人。美人のたとえ。

明《あか》るければ月夜《つきよ》だと思う

外が明るければ、いつも月夜のせいだと思う。考え方が単純で、推測が誤っていること。物事を深く考えず、のん気なこと。「明《あ》かけりや盆」、「団子さえ食えば彼岸《ひがん》だと思う」とも。

明《あ》くる空《そら》には行《い》くべし、暮《く》るる空《そら》には行《い》くべからず

これから夜が明ける時分《じぶん》ならば、まだ暗くても安心だから出かけてよい。日暮れ近くに出発するのは、まだ明るくてもすぐに暗くなり、危険だからやめたほうがよい。

明《あ》かりが立《た》つ

疑いが晴れる。無実が証明される。

明窓浄机《めいそうじょうき》

明るい窓ときれいな机。また、明るくきれいな書斎。

色の慣用句ことわざ

色全般

沙羅双樹《さらそうじゅ》の花《はな》の色《いろ》、盛者必衰《じょうしゃひっすい》の理《ことわり》をあらはす

美しく香りの高い沙羅双樹《さらそうじゅ》の花の色にも、栄えたものは必ず衰えるという栄枯盛衰《えいこせいすい》の道理が示されている。「沙羅《さら》」は、梵語シャーラ（俗語形サーラ）に漢字を当てたもの。インド原産の常緑高木の名。釈迦《しゃか》が入滅《にゅうめつ》した場所の四方に、この木が二本ずつ植えられていたという伝説から、この名がある。『平家物語』の冒頭で、「祇《ぎ》園精舎《おんしょうじゃ》の鐘の声、諸行無常《しょぎょうむじょう》の響きあり」の次に対句として用いられている句。

色《いろ》をも香《か》をも知《し》る人《ひと》ぞ知《し》る

色も香も、その価値を理解できる人が見れば、ちゃんとわかるものである。『古今和歌集』のことば。

色《いろ》、人《ひと》を迷《まよ》わさず。人《ひと》、自《みずか》ら迷《まよ》う

色情《しきじょう》が人を迷わすのではなく、それは迷う人自身の責任である。

色《いろ》衰《おとろ》えて寵《ちょう》弛《ゆる》む

容姿が衰えて、君主の寵愛が衰えること。中国由来のことば。

色《いろ》好《この》まぬ男《おとこ》は玉《たま》の杯《さかずき》底《そこ》無《な》きが如《ごと》し

すべてのことにすぐれていても、女色に興味のない男性は情趣《じょうしゅ》を解《かい》さず、立派なさかずきに底がないように、人間として欠けたところがあるという意味。『徒然草』の「よろづにいみじくとも、色このまざらん男は、いとさうざうしく、玉《たま》の卮《さかづき》の当《そこ》なき心地ぞすべき」による。

色《いろ》観音《かんのん》に取《と》り持《も》ち地蔵《じぞう》間男《まおとこ》薬師《やくし》

色事の成就には観音様が、男女の仲の取り持ちには地蔵様が、密会には薬師様がそれぞれ霊験がある。

泰山《たいざん》前《まえ》に崩《くず》るるとも色《いろ》変《へん》ぜず

泰山《たいざん》（中国、道教の聖地五岳の中でももっとも尊い山）が目の前に崩れかかってきても、顔色ひとつ変えない。非常に大胆で、物事に動じないことのたとえ。

盈寸《えいすん》の膠《にかわ》を投《とう》じて、江海《こうかい》の色《いろ》を易《か》えんとす

わずかの労力によって大きな功績をあげようとすることのたとえ。「盈寸《えいじょう》」は、一寸あまり。「江海《こうかい》」は、揚子江と海。大きい川と海のこと。

索引

〈あ〉

あいいろ（藍色）178
あいじつ（愛日）31
あいたいたる（靉靆たる）135
あいだま（藍玉）32
あいまみえる（相見える）140
あお（青）179
あおいしがものをいう（青石が物を言う）201
あおいきといき（青息吐息）201
あおがきがじゅくしをとむらう（青柿が熟柿を弔う）201
あおくちば（青朽葉）173
あおぐもはっちょう（青雲八町）201
あおしろつるばみ（青白橡）175
あおすじをたてる（青筋を立てる）201
あおぞら（青空）90
あおたけいろ（青竹色）176
あおたとあかごはほめられぬ（青田と赤子は褒められぬ）201
あおたをかう（青田を買う）201
あおに（青丹）175
あおにび（青鈍）188
あおばやみ（青葉闇）121
あおぼし（青星）79
あか（赤）153
あかきこころ（赤き心）200
あかきところにはおうほうあり、くらきかたにはしんめいあり（明かき所には王法あり、暗き方には神明あり）204
あかきはさけのとが（赤きは酒の咎）200
あかくちば（赤朽葉）158
あかこういろ（赤香色）153
あかごのうでをねじる（赤子の腕をねじる）200
あかごはなきながらそだつ（赤子は泣きながら育つ）200
あかしろつるばみ（赤白橡）158
あかつきづきよ（暁月夜）74
あかつきづくよ（暁月夜）74
あかつきやみ（暁闇）112
あかでをする（赤手を擦る）200
あかときやみ（暁闇）112
あかにしのつぼやき（赤螺のつぼ焼き）200
あかねいろ（茜色）152
あかはらをたれる（赤腹を垂れる）200
あかぼし（赤星）78
あかまつをぶちわったよう（赤松をぶち割ったよう）200
あかめをはる（赤目を張る）200
あかりがたつ（明かりが立つ）204
あかるければつきよだとおもう（明るければ月夜だと思う）204
あきのらい（秋の雷）86
あくいろ（灰汁色）188
あくまはえにかかれているほどくろくない（悪魔は絵に描かれているほど黒くない）202
あくるそらにはいくべし、くるるそらにはいくべからず（明くる空には行くべし、暮るる空には行くべからず）204
あけくれ（明け暮れ）117
あけはなれる（明離）63
あけはなる（明離）63
あさゆくつき（朝行く月）74
あさぎいろ（浅葱色）179
あさにじ（朝虹）194
あさまだき（朝まだき）54
あさみどり（浅緑）173
あずきいろ（小豆色）162
あたまのくろいねずみ（頭の黒い鼠）202
あたらよ（可惜夜）116
あまいろ（亜麻色）163
あまつひ（天つ日）57
あまみつつき（天満月）71
あめいろ（飴色）164
あやめいろ（菖蒲色）187
あらいしゅ（洗朱）161

あらぞめ（退紅）156
あらぼし（荒星）83
ありあけのつき（有明の月）73
あんうん（暗雲）124
あんえい（暗影）99
あんかい（暗晦）134
あんけつ（闇穴）135
あんこく（暗黒）101
あんこく（闇黒）101
あんこくしょく（暗黒色）150
あんじゃく（暗弱）135
あんしょく（暗色）149
あんずいろ（杏子色）158
あんぜん（闇然）135
あんたん（暗澹）102
あんちゅうもさく（暗中模索）105
あんやのつぶて（暗夜の礫）113
あんをもってきずをみる（闇を以て疵を見る）144

〈い〉
いかけぢ 193
いかりぼし（碇星）78
いきいき（活き活き）41
いきわかれ（生き別れ）143
いざよいのつき（十六夜の月）71
いちごいろ（苺色）154
いちばんぼし（一番星）84
いっかんのおわり（一巻の終わり）128
いっきんぞめ（一斤染め）156
いっこんぞめ（一斤染め）156
いっすんさきはやみ（一寸先は闇）104
いっせん（一閃）47
いってん（一天）90
いてぼし（凍星）84
いとまごい（いとま乞い）143
いなづま（稲妻）87
いなずま（稲妻）87
いぶしぎん（燻銀）192
いまよういろ（今様色）152
いみび（忌み火）35
いよう（異様）130
いるいいぎょう（異類異形）108
いろ、ひとをまよわさず。ひと、みずからまよう（色、人を迷わさず。人、自ら迷う）205
いろおとろえてちょうゆるむ（色衰えて寵弛む）205
いろかんのんにとりもちじぞうまおとこやくし（色観音に取り持ち地蔵間男薬師）205
いろこのまぬおとこはたまのさかずきそこなきがごとし（色好まぬ男は玉の杯底無きが如し）205
いろをもかをもしるひとぞしる（色をも香をも知る人ぞ知る）205
いんあん（陰暗）98
いんいん（陰々）98
いんいんせきばく（陰々寂寞）98
いんいんめつめつ（陰々滅々）135
いんう（淫雨）124
いんうん（陰雲）124
いんえい（陰影）98
いんか（陰火）119
いんしつ（陰湿）99
いんどうをわたす（引導を渡す）143

〈う〉
うきたつ（浮き立つ）38
うぐいすいろ（鶯色）176
うこんいろ（鬱金色）169
うすあかり（薄明かり）48
うすいろ（薄色）185
うすくれない（薄紅）156
うすずみいろ（薄墨色）190
うすべに（薄紅）156
うすやみ（薄闇）63
うぞうむぞう（有象無象）106
うちょうてん（有頂天）38
うつぜん（鬱然）118
うつぜんたる（蔚然たる）118
うっそう（鬱蒼）118
うつぶしいろ（空五倍子色）190

うのはないろ（卯花色）188
うめがさね（梅重）196
うめねず（梅鼠）190
うらはいろ（裏葉色）173
うんげい（雲霓）194

〈え〉

えいきょ（盈虚）124
えいげつ（盈月）68
えいすんのにかわをとうじて、こうかいのいろをかえんとす（盈寸の膠を投じて、江海の色を易えんとす）205
えいり（影裏）99
えいり（陰裏）119
えどむらさき（江戸紫）187
えびいろ（葡萄色）154
えりがひかる（襟が光る）92
えんう（煙雨）124
えんかん（炎旱）57
えんげつ（偃月）64
えんげつ（煙月）69
えんじ（臙脂）154
えんじゃく（円寂）128
えんしょう（厭勝）111
えんてい（淵底）136
えんてん（炎天）88

〈お〉

おいたけいろ（老竹色）176
おいみどり（老緑）176
おうじょう（往生）129
おうぎょく（黄玉）32
おうたん（黄丹）160
おうちいろ（楝色）187
おうてっこう（黄鉄鉱）32
おうどいろ（黄土色）169
おうに（黄丹）160
おうまがとき（逢魔が時）58
おかくれになる（御隠れになる）128
おきつくに（沖つ国）127
おしゃかさまにもおきょう、おにめにもくろがねのよりぼう（お釈迦様にもお経、鬼めにも黒鉄の寄り棒）203
おしろいのかんばんにさぎをえがく（白粉の看板に鷺を描く）203
おだぶつ（お陀仏）129
おとごのひかりはななひかり（乙子の光は七光り）92
おばけ（御化）106
おぼろづき（朧月）72
おやのかたきをもつものはにっこうにあたらず（親の敵を持つ者は日光に当たらず）95
おりひめぼし（織姫星）78
おんねん（怨念）111

〈か〉

かいかつ（快活）36
かいき（怪奇）108
かいげつ（海月）67
かいせい（快晴）89
かいほうてきな（開放的な）41
かいめい（晦冥）102
かえい（花影）25
かがやくものかならずしもきんならず（輝くもの必ずしも金ならず）93
かきいろ（柿色）198
かきしぶいろ（柿渋色）198
かきつばたいろ（杜若色）197
かぎりのたび（限りの旅）127
かくかく（赫赫）44
かくせい（客星）82
かげこおる（影氷る）123
かげさゆる（影冴ゆる）123
かげすずし（陰涼し）121
かげつ（花月）25
かげん（下弦）70
かけつとう（火血刀）107
かげの（陰野）119
かこう（華光）25
かこう（火光）35
かじ（加持）111
かしょう（佳宵）73
かすげ（糟毛）191

かぜひかる（風光る）—— 28
かたかげ（片陰）—— 121
かたわれづき（片割月）—— 71
かちかえし（褐返）—— 182
かっかく（赫赫）—— 44
かっきある（活気ある）—— 41
かったつな（闊達な）—— 36
かっぱつ（活発）—— 37
かつらお（桂男）—— 64
かつらおとこ（桂男）—— 64
かつらおのこ（桂男）—— 64
かなりあ（金糸雀）—— 171
かねのひかりはあみだほど（金の光は阿弥陀ほど）—— 92
かのよ（彼の世）—— 126
かばいろ（樺色）—— 160
かばいろ（蒲色）—— 160
かはたれぼし（彼は誰星）—— 84
かみさる（神去る）—— 129
かめのぞき（瓶覗）—— 179
かものはいろ（鴨の羽色）—— 176
からかね（唐金）—— 182
からくれない（韓紅）—— 155
からしいろ（芥子色）—— 169
からす（烏）—— 148
からすのくろいのはみがきがきかぬ（烏の黒いのは磨きがきかぬ）—— 203
かりやすいろ（刈安色）—— 169
かりん（火輪）—— 53
かれいろ（枯れ色）—— 198
かれきぼし（枯木星）—— 84
かれくさいろ（枯草色）—— 169
かれのいろ（枯野色）—— 199
かわたれどき（かわたれ時）—— 114
かんえい（寒影）—— 123
かんきにみちた（歓喜に満ちた）—— 40
かんげつ（寒月）—— 73
がんこう、しはいにてっす（眼光、紙背に徹す）—— 94
がんこうらくちは、しにちかし（眼光落地は、死に近し）—— 95
かんすばる（寒昴）—— 79
かんぞういろ（萱草色）—— 158
かんてん（干天）—— 91
かんてん（漢天）—— 91
〈き〉
きいろ（黄色）—— 169
ききかいかい（奇々怪々）—— 108
ききょういろ（桔梗色）—— 184
きくじん（麹塵）—— 175
きじん（麹塵）—— 175
きたい（期待）—— 41
きつきげ（黄鴾毛）—— 171
きっこう（拮抗）—— 141
きつねいろ（狐色）—— 161
きつねのよめいり（狐の嫁入り）—— 86
きつねび（狐火）—— 31
きつるばみいろ（黄橡色）—— 171
きとう（祈祷）—— 111
きなりいろ（生成り色）—— 188
きぬぎぬ（後朝）—— 142
きはだいろ（黄蘗色）—— 171
きぼう（既望）—— 71
きみかげそう（君影草）—— 121
きゃくしょう（客星）—— 82
ぎゃっこう（逆光）—— 47
きゅうげん（九原）—— 127
きゅうこう（九皐）—— 136
きゅうしゅん（九春）—— 29
きゅうよう（九陽）—— 52
きゅうりゅう（穹窿）—— 91
ぎょうあん（暁闇）—— 112
きょうかすいげつ（鏡花水月）—— 67
ぎょうこう（暁光）—— 54
きょうてい（筐底）—— 136
きょうむらさき（京紫）—— 187
きょえい（虚栄）—— 132
きょきょじつじつ（虚々実々）—— 132
ぎょくと（玉兎）—— 65
きょせい（虚勢）—— 132
きょぞう（虚像）—— 132
きょっこう（旭光）—— 55

きょむ（虚無）132
きょもう（虚妄）132
きらぼし（綺羅星）81
きんいろ（金色）193
ぎんいろ（銀色）193
きんうぎょくと（金烏玉兎）52
きんえん（禁厭）110
ぎんかいしょく（銀灰色）192
ぎんこう（銀鉤）65
きんこうせき（金紅石）32
きんじゅ（禁呪）110
きんしょく（錦色）195
きんでい（金泥）193
ぎんねず（銀鼠）188
ぎんぱ（銀波）26
きんよう（禁厭）110
きんらん（金襴）193
ぎんれい（銀嶺）24

〈く〉

ぐあん（愚闇）135
くうきょ（空虚）133
ぐえん（紅炎）53
くさいきれ（草いきれ）29
くさいろ（草色）176
くさがくれ（草隠れ）119
くさきもねむるうしみつどき（草木も眠る丑三つ時）117
くさばのかげ（草葉の陰）98
くじゃくいし（孔雀石）32
くだちゆく（降行く）116
くだりづき（降り月）71
くだりやみ（下闇）121
くちなしいろ（梔子色）169
くちばいろ（朽葉色）163
くっせつ（屈折）131
くったくがない（屈託がない）37
くらい（昏）149
くらがり（暗がり）102
くらやみからうしをひきだす（暗闇から牛を引き出す）144
くらやみにおにのおとしたこばん（暗闇に鬼の落とした小判）145
くらやみのはじをあかるみへだす（暗闇の恥を明るみへ出す）144
くりいろ（涅色）150
くりいろ（栗色）198
くりうめ（栗梅）167
くりめいげつ（栗名月）73
くるみいろ（胡桃色）165
くれあい（暮合）58
くれたけ（呉竹）63
くれない（紅）152
くれなずむ（暮れ泥む）59
ぐれん（紅蓮）35
くろ（黒）150
くろがねいろ（鉄色）179
くろくも（黒雲）125
くろずきんをかぶる（黒頭巾をかぶる）202
くろつるばみ（黒橡）150
くろめのう（黒瑪瑙）32
くろやきにせねどこばんはほれぐすり（黒焼きにせねど小判は惚れ薬）203
くわぞめ（桑染）167
ぐんじょういろ（群青色）181

〈け〉

けいか（蛍火）34
けいかい（軽快）42
けいこう（蛍光）48
けいこく（熒惑）76
けいせい（景星）83
けいぜん（炯然）46
けいみょうな（軽妙な）42
けげん（怪訝）109
けしむらさき（滅紫）187
けしん（化身）109
げっか（月華）24
けっかい（結界）111
げっき（月気）68
げっけい（月桂）24
げっこう（月虹）67

げつろ（月露） 67
げん（玄） 149
げんえい（幻影） 108
げんげつ（幻月） 67
げんじつ（幻日） 53
げんじぼし（源氏星） 79
けんぼういろ（憲房色） 166
げんわく（眩惑） 45

〈こ〉

こいのやみじ（恋の闇路） 135
こう（皓） 199
こういろ（香色） 162
こういんやのごとし（光陰矢の如し） 93
こうえん（紅焔） 52
こうえん（紅炎） 53
こうえんばんじょう（光炎万丈） 92
こうか（紅霞） 60
こうき（光輝） 47
こうきょう（紅鏡） 56
こうぎょく（紅玉） 32
こうくう（高空） 91
こうげい（虹霓） 195
こうこう（煌々） 45
こうさいりくり（光彩陸離） 46
こうじいろ（柑子色） 158
こうしょう（光昭） 47
こうせん（光閃） 47
こうは（光波） 47
こうばいいろ（紅梅色） 157
こうひ（光被） 47
こうぼう（光芒） 51
こうよう（光耀） 47
こうれい（降霊） 111
こうろぜん（黄櫨染） 166
こがくれ（木隠れ） 118
こかげ（小陰） 99
こかげ（木陰） 118
こがねいろ（黄金色） 192
こきいろ（濃色） 185
こくう（虚空） 132
こくうん（黒雲） 125
こくぎゅう、はくとくをうむ（黒牛、白犢を生む） 202
こくたん（黒檀） 149
こくびゃくみじん（黒白微塵） 202
ごくらくじょうど（極楽浄土） 127
こけいろ（苔色） 175
こげちゃ（焦茶） 165
こげつ（孤月） 69
ごこう（後光） 50
こころおどる（心躍る） 42
ごしょう（後生） 127
こだいむらさき（古代紫） 187
こつたん（骨炭） 149
こはく（琥珀） 32
こはくいろ（琥珀色） 164
こびちゃ（媚茶） 163
こみどり（濃緑） 176
こむぎいろ（小麦色） 161
こもちづき（小望月） 71
ごや（五夜） 114
ごりむちゅう（五里霧中） 104
こん（昏） 149
こんいろ（紺色） 181
こんごうせき（金剛石） 33
こんじょう（紺青） 181
こんでい（金泥） 193
こんてんこくち（昏天黒地） 102

〈さ〉

さいうん（彩雲） 195
さいおう（最奥） 138
さいせい（歳星） 77
さいたらばたけ（才太郎畑） 126
さくぼう（朔望） 70
さくらいろ（桜色） 156
さくらかげ（桜影） 24
ざくろいし（柘榴石） 32
さざなみ（細波） 63
さつきやみ（五月闇） 121
さびなんど（錆納戸） 181
さやはなくともみはひかる（鞘は無くとも身は光る） 93
さよ（小夜） 112

さよあらし（小夜嵐）125
さよきょく（小夜曲）113
さよしぐれ（小夜時雨）125
さらそうじゅのはなのいろ、じょうしゃひっすいのことわりをあらはす（沙羅双樹の花の色、盛者必衰の理をあらはす）205
ざんげつ（残月）74
さんごいろ（珊瑚色）154
ざんこう（残紅）60
さんさん（粲粲）45
ざんせい（残星）84
ざんや（残夜）116
ざんよう（残陽）60
さんらん（燦爛）44

〈し〉

し（緇）149
しおう（雌黄）171
しおんいろ（紫苑色）185
しかいふりょう（視界不良）104
しかんちゃ（芝翫茶）166
しきがみ（式神）111
しこく（紫黒）187
したやみ（下闇）121
しちさい（七彩）195
じつげつとひかりをあらそう（日月と光を争う）93
しっこく（漆黒）150
しっこくのやみ（漆黒の闇）101
しののめ（東雲）54
しののめいろ（東雲色）158
しまごんじき（紫磨金色）193
しもよ（霜夜）123
しゃくどういろ（赤銅色）162
しゃくねつ（灼熱）34
じゃっこう（寂光）51
しゃよう（斜陽）61
しゅいろ（朱色）153
しゅういん（秋陰）122
じゅうくたちまち、はつかよいやみ（十九立ち待ち、二十日宵闇）144
しゅうや（終夜）113
しゅうよう（秋陽）30
しゆうをけっす（雌雄を決す）140
しゅくさいてきな（祝祭的な）40
じゅそ（呪詛）110
しゅつらんのほまれ（出藍の誉れ）201
じゅふ（呪符）110
しゅんこう（春光）28
しゅんしょう（春宵）120
しゅんせい（春星）85
しゅんとう（春燈）28
しゅんぷうたいとう（春風駘蕩）37
じょうげん（上弦）70
しょうこう（韶光）29
しょうし（正子）117
しょうじょうひ（猩々緋）152
しょうてん（召天）128
じょうてんき（上天気）88
しょうぶいろ（菖蒲色）187
しょこう（曙光）55
しょっこう（燭光）51
じょや（除夜）123
じょれい（除霊）111
しらあい（白藍）179
しらかべにこうもりのとまったよう（白壁に蝙蝠の止まったよう）203
しらじらあけ（白白明け）54
しらちゃ（白茶）162
しらどうふのひょうしぎ（白豆腐の拍子木）202
しらぬい（不知火）34
しらはのやがたつ（白羽の矢が立つ）203
しらみはあたまにいてくろし（虱は頭に処て黒し）203
しらゆき、かえってくろし（白雪、却って黒し）203
しらをきる（白を切る）202
しろ（白）188
しろうさぎ（白兎）199
しろがね（白銀）192

しろきいとのそまんことをかなしむ（白き糸の染まんことを悲しむ）——202
しろきほねはちちのおん、ししむらはははのおん（白き骨は父の恩、肉叢は母の恩）——203
しろすみれいろ（白菫色）——196
しんえん（深淵）——136
しんき（新奇）——109
しんく（深紅）——153
しんこう（晨光）——55
しんこう（深更）——117
しんざんゆうこく（深山幽谷）——118
しんじゅぼし（真珠星）——78
しんせい（辰星）——77
しんたいこうめいなれば、あんしつのうちにもせいてんあり（心体光明なれば、暗室の中にも青天あり）——93
しんたん（深潭）——136
じんてい（人定）——117
しんばしいろ（新橋色）——179
しんぴ（神秘）——108

〈す〉
すいぎょく（翠玉）——32
すいげつ（水月）——26
すいしょく（翠色）——172
すおう（蘇芳）——152
すがすがしい（清々しい）——39
すすたけいろ（煤竹色）——165
すずめいろどき（雀色時）——58
すないろ（砂色）——188
すみいろ（墨色）——150
すみれいろ（菫色）——184
すみわたる（澄み渡る）——88

〈せ〉
せいうんしはくのそしり（青雲紫陌の譏り）——201
せいえい（星影）——80
せいき（清暉）——50
せいげつ（霽月）——67
せいげつ（青月）——69
せいこう（生光）——67
せいし（青絲）——149
せいじいろ（青磁色）——172
せいてんのへきれき（青天の霹靂）——201
せいぼう（星芒）——80
せいらん（晴嵐）——86
せきじつ（赤日）——57
せきひん、あらうがごとし（赤貧、洗うが如し）——200
せきべつ（惜別）——142
せっかのひかり（石火の光）——92
せっけい（夕景）——60
せみのはいろ（蝉の羽色）——197
せんえい（繊翳）——103
せんか（閃火）——35
せんか（遷化）——129
せんかのきゃく（泉下の客）——128
せんげ（遷化）——129
せんげつ（繊月）——74
せんざいちゃ（千歳茶）——163
せんべつ（餞別）——143

〈そ〉
そうきゅう（蒼穹）——91
そうびいろ（薔薇色）——155
そうぜん（蒼然）——115
そお（赭）——154
そげつ（素月）——73
そこびかり（底光り）——51
そしょく（素色）——191
そひ（纁）——158
そほ（赭）——154
そらいろ（空色）——179
そらごと（空事）——132
そらのかがみ（空の鏡）——73
そらもよう（空模様）——90

〈た〉
たいこう（退紅）——156
たいざんまえにくずるるともいろへんぜず（泰山前に崩るるとも色変ぜず）——205
たいしゃ（代赭）——164
だいだいいろ（橙色）——159

たいはい（退廃）130
たいはい（頽廃）139
たいはく（太白）76
たかぞら（高空）91
だくろう（濁浪）119
たそがれどき（黄昏時）58
たちうち（太刀打ち）140
たちまちづき（立待月）70
たばこいろ（煙草色）166
たま、みがかざればひかりなし（玉、磨かざれば光なし）94
たまごいろ（卵色）169
たまむしいろ（玉虫色）195
たもとをわかつ（袂を分かつ）142
だらく（堕落）138
たんげつ（淡月）69
だんじゅうろうちゃ（團十郎茶）164
たんぱくせき（蛋白石）33
たんぽぽいろ（蒲公英色）171
たんや（短夜）121

〈ち〉

ちぐさいろ（千草色）178
ちしゃもめんぜんにさんじゃくのやみあり（智者も面前に三尺の闇あり）145
ちずなきこうかい（地図なき航海）104
ちみもうりょう（魑魅魍魎）107
ちゃいろ（茶色）167
ちゅうどくしゃ（中毒者）130
ちょうじいろ（丁子色）166
ちょうじちゃいろ（丁子茶色）162
ちょうしゅんいろ（長春色）196
ちょうめい（澄明）48
ちょうや（長夜）122
ちんせい（鎮星）76
ちんみょう（珍妙）109

〈つ〉

ついらく（墜落）138
つうせきのわかれ（痛惜の別れ）142
つきくさいろ（鴨頭草色）182
つきさゆる（月冴ゆる）68
つきしろ（月代）74
つきすずし（月涼し）72
つきそめ（桃花褐）157
つきのかつら（月の桂）65
つきのけん（月の剣）65
つきのつるぎ（月の剣）65
つきのふね（月の船）64
つきのみち（月の道）26
つくもがみ（付喪神）107
つくよみ（月夜見）65
つつじいろ（躑躅色）155
つづみぼし（鼓星）79
つつやみ（つつ闇）101
つとめて（つとめて）54
つゆくさいろ（露草色）181
つるばみいろ（橡色）162
つるべおとし（釣瓶落とし）122

〈て〉

てさぐり（手探り）105
てついろ（鉄色）179
てりは（照り葉）30
てりば（照り葉）30
てりふりあめ（照り降り雨）86
てるつきなみ（照る月波）26
てるひ（照る日）52
てんがせき（天河石）32
でんきいし（電気石）32
てんきゅう（天弓）195
てんしんらんまん（天真爛漫）37
てんとう（天道）53
てんどう（天道）53
てんにものぼる（天にも昇る）38
てんのきくこと、かみなりのごとし。ちのみること、いなびかりのごとし（天の聞くこと、雷の如し。地の見ること、稲光の如し）94

〈と〉

とう、めっせんとしてひかりをます（灯、滅せんとして光を増す）94
とうえい（灯影）34
とうか（灯火）34

とうか（燈火）35
とうじつ（冬日）31
とうにこたえのやみあらぬ（問うに答えの闇あらぬ）144
とかきぼし（斗掻星）77
ときあかり（時明かり）55
ときいろ（鴇色）156
とくさいろ（木賊色）174
とこやみ（常闇）101
とこよのくに（常夜の国）126
とびいろ（鳶色）162
ともしび（燈火）35
とらめいし（虎目石）33
とりのこいろ（鳥の子色）171
どんぞこ（どん底）138
どんてん（曇天）124

〈な〉

ながよ（長夜）122
なごりのつき（名残の月）74
なすこん（茄子紺）184
なつのしも（夏の霜）72
なつひかげ（夏日影）121
なでしこいろ（撫子色）157
ななつぼし（七つ星）83
なまかべいろ（生壁色）171
なまりいろ（鉛色）190
ならく（奈落）126
なんどいろ（納戸色）181

〈に〉

にいろ（丹色）152
にしき（錦）194
にじゅうはっしゅく（二十八宿）78
にせむらさき（似紫）187
にちうん（日暈）57
にちじき（日食）124
にちぼつ（日没）60
にっき（日食）124
にっけいいろ（肉桂色）165
にっしょく（日食）124
にっちゅう（日中）57
にびいろ（鈍色）190
にほんばれ（日本晴れ）89
にゅうじょう（入定）129
にゅうはくしょく（乳白色）188
にょほうあんや（如法暗夜）113
にわかびより（俄日和）89
にわにとうみょうがつけば、いえのうちはやみになる（庭に灯明がつけば、家の内は闇になる）145
にんじんいろ（人参色）158

〈ぬ〉

ぬかぼし（糠星）82
ぬばたま（射干玉）148
ぬれがらす（濡れ烏）148
ぬればいろ（濡羽色）150

〈ね〉

ねぎしいろ（根岸色）176
ねずみいろ（鼠色）190
ねっせん（熱戦）140
ねつらい（熱雷）86
ねのかたすくに（根堅州国）127
ねまちづき（寝待月）70
ねりいろ（練色）169

〈の〉

のうこん（濃紺）181
のろい（呪い）111

〈は〉

はいいろ（灰色）190
はいじん（廃人）130
はきょう（破鏡）142
はぎれのよい（歯切れのよい）42
はくいのてんし（白衣の天使）202
はくう（白雨）125
はくぎょくろうちゅう（白玉楼中）128
はくぎん（白銀）199
はくじつ（白日）57
はくしもしんじんしだい（白紙も信心次第）202
はくじん、まえにまじわれば、りゅうしをかえりみず（白刃、前に交われば、流矢を顧みず）203
はくちゅう（伯仲）141

はくや（白夜）63
はくやづき（白夜月）75
はくろ（白露）87
はこう（波光）27
はしたいろ（半色）185
はしばみいろ（榛色）164
はだいろ（肌色）161
はつあかり（初明かり）54
はっこう（発光）47
はなあかり（花明かり）24
はなかがり（花篝）25
はなかげ（花陰）119
はなぐもり（花曇）29
はなだいろ（縹色）181
はなのつゆ（花の露）25
はなやかな（華やかな）42
はにゅう（埴生）161
はねず（朱華）160
ばらいろ（薔薇色）155
はりずり（榛摺）167
はるあかね（春茜）29
はるのほし（春の星）78
はるやみ（春闇）120
はれのひ（ハレの日）40
はればれしい（晴れ晴れしい）39
ばんか（晩霞）124
ばんけい（晩景）59
ばんせい（晩晴）89

〈ひ〉

ひいろ（緋色）153
ひかげ（日陰）98
ひがさ（日暈）57
ひかりあるものは、ひかりあるものをともとす（光あるものは、光あるものを友とす）93
ひかりをつつむ（光を韜む）92
ひかりをやわらげ、ちりとなす（光を和らげ、塵と成す）93
ひかるかみ（光る神）86
ひかるほどならぬ（光るほど鳴らぬ）93
ひがん（彼岸）127
びげつ（眉月）71
びこう（微光）49
ひこぼし（彦星）78
ひしゃくぼし（柄杓星）77
ひすい（翡翠）32
ひでり（日照り）89
ひでりぐも（日照り雲）86
ひでりぼし（旱星）78
ひとのおやのこころはやみにあらねども、こをおもうみちにまどいぬるかな（人の親の心は闇にあらねども、子を思う道にまどいぬるかな）145
ひともしごろ（火点し頃）58
ひなた（日向）56
ひのめ（日の目）57
びゃくぐん（白群）179
ひゃくせいのめいは、いちげつのひかりにしかず（百星の明は、一月の光に如かず）95
びゃくや（白夜）63
びゃくろく（白緑）173
ひゃっきやこう（百鬼夜行）107
ひょうりん（氷輪）64
ひより（日和）88
ひりん（飛輪）52
ひわいろ（鶸色）173
ひわだいろ（檜皮色）164

〈ふ〉

ふかがわねず（深川鼠）188
ふかきくれない（深紅）153
ふかみどり（深緑）176
ふくまでん（伏魔殿）107
ふしいろ（柴色）167
ふじいろ（藤色）184
ふしまちづき（臥待月）75
ふじむらさき（藤紫）185
ふじゅ（符呪）110
ふたあい（二藍）187
ぶどういろ（葡萄色）154
ふはい（腐敗）138
ふゆび（冬日）31

〈へ〉

へいけぼし（平家星）79

へいとして（炳として）45
へきくう（碧空）90
へきらくいっせん（碧落一洗）91
べに（紅）152
べんがらいろ（弁柄色）166
へんしつてき（変質的）131
へんてこりん（へんてこりん）108

〈ほ〉

ぼあい（暮靄）124
ぼう（暮雨）124
ほうえい（泡影）99
ほうきぼし（箒星）83
ぼうげつ（望月）71
ほうとう（放蕩）138
ぼうれい（亡霊）107
ほかげ（火影）99
ほがらか（朗らか）38
ぼくしょく（墨色）150
ほしあかり（星明かり）80
ほしかげ（星影）80
ほしくず（星屑）82
ほしづきよ（星月夜）80
ほしづくよ（星月夜）80
ほしのいりこち（星の入東風）84
ほしふるよる（星降る夜）80
ぼしょくそうぜん（暮色蒼然）114
ほたるび（蛍火）34
ぼたんいろ（牡丹色）155
ほのあかり（仄明かり）49
ほのぐらい（仄暗い）103
ほのじろい（仄白い）191
ほむら（焰）34
ぼや（暮夜）114
ぼんのうのくもあつく、ぶつにちのひかり、はれがたし（煩悩の雲厚く、仏日の光、晴れ難し）94
ほんむらさき（本紫）187

〈ま〉

まかふしぎ（摩訶不思議）108
まくでん（幕電）86
まぐわし（目細し）44
まじない（まじない）111
ましろ（真白）191
ますお（真赭）157
ますかがみ（真澄鏡）64
ますほ（真赭）157
まそかがみ（真澄鏡）64
まそお（真赭）157
まそほ（真赭）157
まそみかがみ（真澄鏡）64
またのよ（又の世）127
まっちゃいろ（抹茶色）172
まつばいろ（松葉色）174
まもの（魔物）106
まゆずみ（黛）148
まゆづき（眉月）71
まんじどもえ（卍巴）140

〈み〉

みかんいろ（蜜柑色）160
みじかよ（短夜）121
みずあさぎいろ（水浅葱色）182
みずいろ（水色）179
みずかがみ（水鏡）27
みずかげ（水影）27
みずかげぐさ（水影草）122
みずかげそう（水影草）122
みずはなだ（水縹）181
みどり（緑）172
みはなだ（水縹）181
みまかる（身罷る）128
みめい（未明）116
みょうかい（冥界）127
みるいろ（海松色）176

〈む〉

むぎぼし（麦星）78
むげつ（無月）73
むししぐれ（虫時雨）122
むつらぼし（六連星）76
むみょう（無明）104
むやみ（無闇）134
むゆうびょうしゃ（夢遊病者）130
むらさき（紫）185
むらさきずいしょう（紫水晶）33

〈め〉
めいかい（明快）——42
めいかい（冥界）——127
めいしゅをやみにとうず（明珠を闇に投ず）——144
めいそうじょうき（明窓浄机）——204
めいど（冥途）——126
めいばく（冥漠）——102
めいふ（冥府）——126
めいぼうこうし（明眸皓歯）——204
めいろう（明朗）——39
めおとぼし（夫婦星）——77
めさすともしらぬやみ（目刺すとも知らぬ闇）——144
めっし（滅紫）——187
めらぼし（布良星）——77
めんよう（面妖）——108
〈も〉
もうしん（盲信）——130
もうもうたる（朦々たる）——118
もえぎ（萌黄）——174
もちづき（望月）——71
もとむるにきたり、あいにひかりをます（求むるに来たり、愛に光を増す）——95
もなかのつき（最中の月）——73
もののけ（物の怪）——107
もみじいろ（黄葉色）——171
ももいろ（桃色）——157
〈や〉
やいん（夜陰）——112
やう（夜雨）——125
やきん（夜禽）——118
やくよけ（厄除け）——110
やこう（夜光）——63
やこうのたま（夜光の壁）——95
やしゅう（夜襲）——113
やちょく（夜直）——113
やてんこう（夜天光）——49
やなぎいろ（柳色）——172
やなぎかげ（柳陰）——120
やはん（夜半）——117
やまあいずり（山藍摺）——182
やまたちばな（山橘）——155
やまぶきいろ（山吹色）——169
やみうちのすてがたな（闇討ちの捨て刀）——144
やみのうつつ（闇の現）——135
やみのうめ（闇の梅）——120
やみやみ（闇闇）——101
やみよのともしび（闇夜の灯火）——145
〈ゆ〉
ゆう（幽）——149
ゆうあかり（夕明かり）——60
ゆうあん（幽闇）——103
ゆうおういろ（雄黄色）——171
ゆうかい（幽界）——127
ゆうかげ（夕影）——61
ゆうかげぐさ（夕影草）——119
ゆうかげぐさ（夕陰草）——119
ゆうき（幽鬼）——106
ゆうけい（夕景）——60
ゆうこう（幽光）——50
ゆうだち（夕立）——125
ゆうづき（夕月）——74
ゆうづくよ（夕月夜）——74
ゆうつづ（夕星）——84
ゆうにじ（夕虹）——194
ゆうばえ（夕映え）——60
ゆうぼう（有望）——41
ゆうめい（幽冥）——103
ゆうやみ（夕闇）——59
ゆうやみ（夕暗）——114
ゆきあかり（雪明かり）——86
ゆみはり（弓張り）——70
ゆめごこち（夢心地）——39
〈よ〉
よい（宵）——63
よいづきよ（宵月夜）——74
よいのくち（宵の口）——114
よいやみ（宵闇）——114
ようい（妖異）——107

ようかい（妖怪）107
ようき（陽気）42
ようこう（妖光）50
ようこう（陽光）57
ようじゅつ（妖術）110
ようぜん（窅然）136
ようま（妖魔）106
よえい（余映）51
よこう（余光）49
よこうをわかつ（余光を分かつ）94
よさめ（夜雨）125
よなかば（夜半）117
よは、ぬばたまのやみのもうけ（世は、ぬばたまの闇の儲け）144
よばいぼし（婚星）82
よびかり（夜光）63
よみ（黄泉）126
よもつひらさか（黄泉比良坂）126
よるのそこ（夜の底）112
よるのとばり（夜の帳）112
よるよなか（夜夜中）112
よわ（夜半）117
〈ら〉
らいこう（来光）25
らいこう（雷光）87
らくじつ（落日）60
らくしょう（落照）60
らくだいろ（駱駝色）167
らくよう（落陽）60
らっかん（楽観）41
らんぎょく（藍玉）32
らんどうこう（藍銅鉱）33
らんまん（爛漫）24
〈り〉
りきゅうちゃ（利休茶）166
りきゅうねずみ（利休鼠）190
りゅうこ（竜虎）140
りゅうこう（流光）26
りゅうせいこうてい、ちょうだをいっす（流星光底、長蛇を逸す）95
りょういん（涼陰）99
りょうか（燎火）34
りょうき（猟奇）131
りょうぎょく、しゃくをはかれば、じゅうじんのつちありといえども、そのひかりをおおうあたわず（良玉、尺を度れば、十仞の土有りと雖も、其の光を掩う能わず）94
りょうげつ（涼月）73
りょうげんのひ（燎原の火）34
りんこう（燐光）48
りんどういろ（竜胆色）184
りんらく（淪落）139
〈る〉
るすのまのえいこう（留守の間の栄光）94
るり（瑠璃）32
るりいろ（瑠璃色）181
〈れ〉
れいあん（冷暗）102
れいたん（黎旦）117
れいみょう（霊妙）109
れいめい（黎明）55
れいらく（零落）139
れつじつ（烈日）56
れんがいろ（煉瓦色）166
〈ろ〉
ろいろ（呂色）148
ろうか（狼火）35
ろくしょういろ（緑青色）176
ろこうちゃ（路考茶）166
〈わ〉
わかあゆのような（若鮎のような）36
わかくさいろ（若草色）173
わかたけいろ（若竹色）197
わかなえいろ（若苗色）172
わかばいろ（若葉色）172
わかむらさき（若紫）184
わすれなぐさいろ（勿忘草色）178
わたりあう（渡り合う）141

参考文献

『江戸語辞典』 2014年 大久保忠国・木下和子編 東京堂出版
『暉峻康隆の季語辞典』 2002年 暉峻康隆著 株式会社太洋社
『和食ことわざ事典』 2014年 永山久夫著 東京堂出版
『類語国語辞典』2018年 大野晋・浜西正人著 角川書店
『新明解 類語辞典』2018年 中村明編 三省堂書店
『講談社 類語辞典』 2008年 柴田武等編 講談社
『人情言葉 恋言葉』 2015年 中村喜春著 草思社
『いきな言葉 野暮な言葉』 2015年 中村喜春著 草思社
『現代語 古語 類語辞典』 2015年 芹生公男著 三省堂書店
『現古辞典』 2018年 古橋信孝等著 河出文庫
『故事・俗信 ことわざ大辞典』 1982年 尚学図書編 小学館出版

色の参考文献

『復刻版 日本色彩文化史』 1983年 前田千寸著 岩波書店
『JIS ハンドブック61 色彩』 2022年 日本規格協会
『色の名前事典519（増補改訂版）』 2023年 福田邦夫著（監修 日本色彩研究所） 主婦の友社
『定本 和の色事典』 2015年 内田広由紀著 視覚デザイン研究所
『日本の269色―JIS規格「物体色の色名」』 2001年 永田泰弘著 小学館文庫
『日本文学色彩用語集成 中世』2008年 伊原昭著 笠間書院
『万葉の色相』 伊原昭著 1964年 塙書房
『日本文学色彩用語集成―近世』 伊原昭著 2006年 笠間書院

後書

英語の格言にこのようなことばがある。

知識は、何を人に伝えるかということを教えてくれる。

経験は、どのように人にすれば、人に言いたいことを伝えられるかを教えてくれる。

謙虚な気持ちは、どれだけのことを言えばよいのかを教えてくれる。

本当の知恵は、何を言うべきか、言うべきでないかを教えてくれる。

自分が思うこと、考えることを、ことばにして適確に言い表すことは非常に難しい。

書きことばにしても、話しことばにしても、それは同じである。

句読点の打ち方、話をしているときの一瞬の間、そうしたことも含めて、語る力はまったく違ったものとなる。

西洋絵画史の中で大きな岐点となったフランス印象派マネやルノワールの作品を観る度に思うことがある。

色や形よりも、彼らがキャンバスに残した一筆一筆のリズムや息遣いが絵全体を支えているのではないか、と。

ことばは、命である。

彼らは、絵を描きながら、ことばにならないことばを頭の中に模索していたに違いない。

画家の意識をそのまま追体験することはできないが、じっと絵を観ていると、ふと、一筆の命に、思ってもみなかったことばが、頭に浮かんで来るときがある。まるで、インスピレーションを受けたように。

本書に絵を描いて下さった飯田文香様の日本画は、まさにことばを、もっと深い意識の中に誘ってくれるものでした。また、色の章をご監修下さった桜井輝子様、ブックデザインにご協力いただいた文京図案室の三木俊一様と宮脇菜緒様、本書の企画からことば選びなど細かい編集をして下さった静内二葉様、皆様のおかげで、日本語の持つ「光」と「闇」のことばの力に触れさせて頂いたことを心から御礼を申し上げる次第です。

二〇二三年七月　菫雨白水堂にて　山口謠司拜

光と闇と色のことば辞典

2023年月7月18日　初版第1刷発行
2024年月6月11日　第4刷発行

著者　山口謠司
発行者　三輪浩之
発行所　株式会社エクスナレッジ
〒106-0032　東京都港区六本木7-2-26
https://www.xknowledge.co.jp/
問合せ先　編集　TEL 03-3403-6796
FAX 03-3403-0582／info@xknowledge.co.jp
販売　TEL 03-3403-1321
FAX 03-3403-1829